청소년 삼국지 1
도원에 꽃핀 우정

청소년 삼국지

1

도원에 꽃핀 우정

나관중 지음
권정현 엮음

자음과모음

양주
(涼州)

유주

기주

병주   청주

사주   연주

옹주   예주 서주

협주 북부

익주
북부   양주

형주 남부

익주 남부

교주

장안(長安)

성도(成都)

황건적의 난이 일어난 지역(서기 184~189)
태평도의 교조 장각이 주도한 대반란으로 그 여파는 20년 가까이
계속되었다. 삼국시대가 이때부터 시작된다. 난을 진압하기 위해
각지에서 영웅들이 들고 일어났으며 그 결과는 한 나라의 붕괴로
이어졌다.

청소년 삼국지를 펴내며

삼국지의 배경은 지금으로부터 약 1800년 전인 중국 한나라 말기다. 당시는 정치적으로 매우 어지러운 시기였다. 황제인 영제는 충신들을 멀리하고 내시들을 가까이 두었다. 그로 인해 나라는 급속히 혼란에 빠졌다. 황궁이 있는 낙양은 물론이고 시골에 이르기까지 백성들의 원성이 하늘을 찔렀다.

나라가 살기 어려워지자 곳곳에 도적이 창궐했다. 관리는 세금으로 백성들의 물건을 빼앗았고 도적은 강제로 백성들의 물건을 빼앗았다. 도적은 백성을 습격하고 집을 잃은 백성은 다시 도적이 되는 악순환이 계속되었다. 도적들이 늘면서 제법 큰 규모를 갖춘 무리가 하나 둘씩 생겨났다. 그중에서 장각의 무리가 가장 강했다. 장각은 부하들에게 누런 두건을 쓰게 하고 약탈을 일삼았다. 삼국시대의 첫 장을 여는 '황건적의 난'은 이렇게 탄생하였다.

여기서 우리가 눈여겨볼 점은 황건적을 토벌하기 위해 전국 각지에서 일어선 제후들이다. 그들은 군사를 일으켜 황건적을 토벌했지만 그 뒤, 서로가 서로를 죽이는 처절한 전쟁을 벌이게 된다. 권력을 잡기 위해 발버둥치는 인간 군상들의 모습은 오늘날 현대를 살아가는 우리들에게도 좋은 본보기가 되고 있다.

삼국지는 등장인물이 수백 명에 이르는 대하소설이다. 인물들이 맡고 있는 역할도 매우 흥미롭다. 관우와 장비처럼 뛰어난 무예로 적을 제압하는 장수가 있는가 하면 공명이나 순욱처럼 지략으로 전장에서 적을 압도하는 참모들도 있다. 죽음으로써 의리를 지키는 충신이 있고 비겁하게 목숨을 구걸하는 장수도 있다. 자신의 이익을 챙기는 대신이 있고 백성을 먼저 생각하는 의로운 관리들도 있다. 삼국지는 바로 우리 인생의 축소판, 그 자체인 것이다.

삼국지가 오래도록 많은 사랑을 받아왔지만 상대적으로 청소년들이 읽을 수 있는 삼국지를 고르기란 쉽지 않은 일이었다. 삼국지는 그 양이 엄청나게 방대할 뿐만 아니라, 청소년들이 이해할 수 없는 표현이나 부적절한 상황 묘사도 많다. 따라서 이번에 새롭게 펴내게 된 《청소년 삼국지》는 청소년들의 눈높이에 맞춰 쓴 가장 이상적인 삼국지라고 할 수 있겠다.

《청소년 삼국지》의 가장 큰 특징은 교육적인 측면을 잘 활용한 점이다. 중요한 사건이나 전투, 고사성어가 등장하는 장면을 부록으로 엮어 본문의 해당 페이지를 명기하고 유기적으로 읽을 수 있도록 하였다. 따라서 일상생활에서 익숙하게 들었던 고사성어의 현장을 직접 눈으로 확인하며 소설을 읽는 재미가 쏠쏠하다.

 《청소년 삼국지》의 두 번째 특징은 전체 단락을 크게 100개로 세분화하여 청소년들이 쉽게 접근할 수 있도록 구성을 안배한 점이다. 기존의 삼국지는 때에 따라 줄거리가 산만하게 펼쳐지고 등장인물과 사건이 복잡하게 얽혀 내용이 머리에 쉽게 들어오지 않는 단점이 있었다. 《청소년 삼국지》는 역사적 사실을 중심으로 객관적인 시각에서 삼국지 전체를 일목요연하게 조망할 수 있도록 하였다.

 세 번째 특징은 남녀 누구나 재미있게 읽을 수 있다는 점이다. 삼국지는 그동안 남자들의 전유물로만 인식되어 온 게 사실이다. 그러나 삼국지 속에는 여러 여성들이 등장하고 그들의 활약이 전체적인 흐름을 바꾸어 놓을 때도 있다. 《청소년 삼국지》는 남성 등장인물들의 굳고 강인한 이미지와 여성 등장인물의 섬세함이 한데 어우러져 전체 이야기를 구성한다. 또한 교훈적이고 주입적인 메시지에서 탈피하여 인물의 인간적인 면을 강조하였다.

예부터 '삼국지를 읽지 않은 사람과는 삶을 논하지 말라' 는 말이 있다. 삼국지는 평생에 걸쳐 읽어야 하는 우리 모두의 필독서다. 삼국지를 읽은 사람과 읽지 않은 사람 사이에는 큰 차이가 난다. 삼국지를 읽고 나면 우선 자신도 모르게 세계관이 넓어져 있음을 알 수 있다. 꿈을 갖지 못했던 사람은 왜 꿈을 가져야 하는지 알게 되고 우정의 소중함도 알 수 있게 된다. 또한 매사에 지혜롭게 대처할 수 있게 된다. 어떤 행동이 자신에게 현명함을 가져다 줄 것인지, 어떻게 하는 일이 많은 사람을 이롭게 하는 일인지 먼저 생각하고 행동하게 된다. 타인에 대하여 너그러움을 갖게 되기도 하고 현재의 삶에 감사하는 마음을 품게 된다. 삼국지에는 부모와 자식, 형제들과의 관계, 나라를 사랑하는 마음, 친구와의 우정 등 우리가 일상에서 겪을 수 있는 대부분의 사건이 등장한다. 뿐만 아니라 우리에게 어려움이 닥쳤을 때 그것을 극복할 수 있는 지혜를 선사한다.

이제, 가만히 귀를 기울이고 역사 저편에서 들려오는 힘찬 말발굽 소리를 들어보자. 청소년 여러분이 일찍이 경험하지 못한 세계 속으로 안내할 것이다.

청소년삼국지편찬위원회

1권 주요 등장인물

유비

자는 현덕. 어질고 현명했던 군주로 알려져 있으며 탁현 출신으로 중산정왕 유승의 후예다. 황건적이 난을 일으키자 도원에서 형제의 의를 맺은 관우, 장비와 함께 의병을 일으켜 활약했다. 219년 정군산 전투를 승리로 이끌면서 조조가 차지했던 한중을 통합, 천하를 셋으로 나누는 데 성공하고 한중왕에 등극한다.

관우

자는 운장. 하동 출신으로 키가 9척에 이르는 거인이었다. 황건적이 난을 일으키자 도원결의를 맺은 유비, 장비와 함께 의병을 일으킨다. 무게가 82근이나 되는 청룡언월도를 자유롭게 휘둘렀다. 건안 24년 가을, 손권과 싸우다가 사로잡혀 목숨을 잃었다.

장비

자는 익덕. 탁현에서 돼지고기를 팔다 유비, 관우를 만나 의병을 일으켰다. 길이가 18자나 되는 한 자루 사모창을 사용하여 가는 곳마다 활약했다. 조조와 한중 쟁탈전이 벌어졌을 때 조조군 맹장 장합의 군대를 궤멸시켜 큰 공을 세우기도 했다. 관우가 죽은 뒤 부하 장수인 범강과 장달에게 살해당한다.

조조

중국 삼국시대 위나라 초대 제왕. 자는 맹덕이며 패국 초현 출신이다. 20세에 효렴에 천거되어 낙양 경비를 맡았으며 이후에 기도위가 되어 관군 5천 명을 이끌고 황건적 토벌에 참가했다. 216년 위왕 자리에 올라 사실상 황제가 되었다. 건안 25년 봄, 예순여섯의 나이로 눈을 감았다.

동탁

임조 출신으로 자는 중영. 젊은 시절에는 주로 국경 수비를 담당했다. 궁중에서 십상시들이 난을 일으키자 십상시 평정을 구실로 20만 대군을 이끌고 장안으로 진군, 권력을 장악했다. 황제가 되기 위해 궁궐로 들어오던 중 왕윤과 여포에 의해 비참한 죽음을 맞이한다.

여포

여포는 원래 형주자사 정원의 양아들이었다. 그러나 동탁이 적토마를 주며 유혹하자 정원을 죽이고 동탁의 부하가 되었고, 연합군이 쳐들어오자 호로관으로 나가 크게 용맹을 떨쳤다. 이후 유비와 조조의 연합군과 싸우다 부하의 배반으로 사로잡혀 목숨을 잃는다.

차례

1. 누런 두건의 괴한들

'저 고개만 넘어가면 고향이구나.'

청년은 걸음을 멈추고 앞을 바라보았다. 높고 웅장한 계곡이 길을 막고 있었다. 길은 계곡을 따라 꾸불꾸불 산등성이로 이어졌다. 겨우 사람 하나가 통과할 수 있는 좁은 곳이었다.

까악. 각.

어디선가 까마귀 울음소리가 들렸다. 울음소리는 낮고 음산했다. 바람이 계곡을 쓸어내리며 아래로 몰려왔다. 청년은 빠르게 산길을 달음질쳤다. 스물두어 살쯤 되었을까. 앳된 얼굴이었다. 신발은 해지고 입은 옷은 남루했다. 허리에 찬 한 자루 긴 칼을 제외하면 특이할 것 없는 차림새였다. 등에 멘 봇짐으로 보아 어디 먼 곳, 여행이라도 다녀오는 모양이었다.

번쩍! 우르릉 쾅!

시간이 얼마나 흘렀을까. 한 줄기 번개가 갑자기 계곡을 내리쳤다. 땅이 울리고 숲이 통째로 흔들렸다. 청년은 깜짝 놀라 걸음을 멈추었다. 계곡을 따라 한 떼의 바람이 일어났다. 바람은 흙을 뒤집어 희뿌연 돌풍을 일으켰다. 돌풍이 해를 가리자 천지가 뿌옇게 흐려졌다.

'이상한 일이군. 마른하늘에 천둥이라니……'

청년은 본능적으로 자세를 낮추었다. 아무래도 느낌이 좋지 않았다. 숲 전체가 이상한 기운에 휩싸여 있었다. 갈수록 바람이 사납게 몰아쳤다. 등뒤로 돌연 서늘한 살기가 느껴졌다. 청년은 재빨리 뒤를 돌아보았다. 돌풍이 거센 회오리바람이 되어 청년이 있는 곳으로 몰려왔다.

"거기 서라!"

회오리바람 속에서 낯선 목소리 하나가 뿜어져 나왔다. 누가 나를 부르는 걸까? 청년은 눈을 동그랗게 뜨고 돌풍 속을 살폈다. 그러나 아무리 눈을 부릅떠도 사람의 그림자는 보이지 않았다.

"무얼 찾느냐? 어리석은 놈!"

돌풍 속에서 기분 나쁜 목소리가 울렸다. 목소리에 섞여 작은 종이들이 무수히 날아왔다. 손바닥만 한 종이에는 괴상하게 생긴 동물들이 그려져 있었다.

'요술을 부려 사람을 현혹하는 도적인 모양이다. 호랑이한테 물려가도 정신만 차리면 산다고 했으니 정신을 바짝 차리자.'

청년은 옆에 있는 소나무 밑동을 단단히 움켜잡았다. 도적들이 이상한 요술을 부린다는 소문은 진작부터 있었다. 바람을 마음대로 일으키고 비를 부른다는 것이었다. 도적의 괴수는 하늘에서 내려온 천공장군이라고 했다. 천공장군이라는 글자를 집에 붙여 놓으면 복이 깃들고 병이 낫는다는 것이었다.

소문은 꼬리에 꼬리를 물고 사방으로 번졌다. 어리석은 백성들은 너도나도 천공장군을 자기 집 기둥에 써서 붙였다. 아이들은 노래를 부르며 도적 괴수를 칭송했다. 많은 사람들이 도적 무리에 가담했다.

"썩 나타나라!"

청년이 회오리바람을 향해 소리쳤다. 도적들은 흙먼지 속에 모습을 감추고 있었다. 돌풍이 점점 가까워졌다. 바람이 옷깃을 세차게 흔들었다. 흙먼지가 따갑게 눈을 때렸다. 청년은 허리에 차고 있던 장검에 살며시 손을 갖다 댔다. 그러나 칼을 뽑지는 않았다.

'칼은 함부로 뽑는 것이 아니다.'

청년은 노식이 늘상 강조하던 말을 떠올렸다. 노식은 청년에게 글과 무술을 가르쳐 준 스승이었다.

"크하하하!"

흙먼지 속에서 한바탕 웃음소리가 들렸다. 청년은 깜짝 놀라 흙먼지를 바라보았다. 웃음이 채 끝나기도 전에 몇 사람이 땅에서 솟아오르듯 불쑥 나타났다. 상대는 모두 세 명이었다. 매섭게 일던 흙먼지가 감쪽같이 가라앉았다. 참으로 신출귀몰한 등장이었다.

"너희들은 누구냐?"

청년은 천천히 괴한들을 쏘아보았다.

"우리 이름을 알아서 무엇 하느냐?"

괴한 하나가 눈살을 찌푸리며 앞으로 나섰다. 괴한들은 하나같이 얼굴이 험상궂었다. 길게 땋은 머리엔 약속이나 한 듯 누런 두건을 뒤집어쓰고 있었다.

"저리 비켜라!"

청년이 날카롭게 외쳤다. 구름에 가렸던 해가 막 고개를 내밀었다. 청년은 해를 등지고 괴한들과 마주 섰다. 귀공자처럼 곱게 생긴 얼굴이었다. 총명하게 빛나는 눈이 광채를 띤 채 괴한들을 쳐다보았다. 청년의 두 귀는 부처님 귀처럼 길게 늘어져 있었다. 양쪽 팔은 손이 무릎에 닿을 정도로 길었다.

"제법이군. 너처럼 오기를 부리다가 지옥으로 간 놈이 한둘이 아니다. 한 마디만 더하면 그 커다란 귀를 싹둑 잘라 줄 테다."

앞에 선 괴한이 쇠몽둥이를 겨누며 말했다.

"잘못한 게 없는데 왜 길을 막느냐?"

청년이 당당하게 물었다.

"너는 세 가지 죄를 지었다."

괴한이 빙그레 미소를 지으며 대답했다.

"세 가지 죄라니?"

"첫째, 봇짐에 든 물건이 꽤 값나가는 물건이니 그것을 소유한 죄다. 둘째, 혼자 겁도 없이 산길을 걷고 있었으니 그것 또한 죄다. 셋째, 젊은 놈이 꼬박꼬박 말대꾸를 하니 그것 역시 죽어 마땅한 죄다."

청년은 어이가 없었다.

"왜 죄 없는 백성들을 괴롭히느냐?"

"이놈, 지옥에나 가서 떠들어라!"

괴한은 들고 있던 쇠몽둥이로 다짜고짜 청년의 어깨를 내리쳤다. 청년은 재빨리 몸을 움직여 몽둥이를 피했다.

"어쭈, 이놈 봐라……. 좋게 말할 때 등에 진 봇짐을 내려놔라. 우린 네놈이 어디서 무얼 하고 오는지 알고 있단 말이다."

청년은 흠칫 놀랐다. 청년은 마을에서 수백 리 떨어진 황하에 다녀오는 길이었다. 황하에는 수도인 낙양으로 진귀한 물건을 싣고 가는 배들이 수시로 오갔다. 배들 중에 더러는 강주변 포구에 닻을 내리고 물건을 팔았다. 사람들은 그런 배들을 낙양선이라고 불렀다. 청년은 낙양선에서 어머니께 드릴 귀한 물건을 구입하여 돌아오는 길이었다.

"놀라는 것을 보니 분명 뭔가 숨긴 게로군."

괴한의 몽둥이가 바람을 갈랐다. 청년의 목숨을 단박에 끊고 물건을 빼앗겠다는 태도였다. 몽둥이를 피하며 청년은 자세를 낮춰 발로 괴한의 옆구리를 힘껏 걷어찼다. 방심하던 괴한은 보기 좋게 나가떨어졌다.

"제법이군!"

뒤에서 바라보던 괴한들이 합세했다. 먼지가 뽀얗게 일며 싸움이 시작되었다. 괴한들의 창과 몽둥이가 시시각각 청년의 몸을 위협했다. 창이 목을 향해 날아들면 청년은 재빨리 몸을 굽혔다. 몸을 굽히면 이번엔 몽둥이가 어깨를 겨누며 날아왔다. 청년은 몸을 굴려 가까스로 몽둥이를 피했다. 시간이 지날수록 싸움은 청년에게 불리하게 돌아갔다.

"칼은 멋으로 차고 다니느냐? 당장 칼을 뽑아라!"

청년이 날렵하게 피하자 괴한들은 자존심이 상했다.

"나는 함부로 칼을 쓰지 않는다."

청년이 또랑또랑 대답했다.

"흥, 잘났군!"

약이 오른 괴한들은 아까보다 더 거칠게 무기를 휘둘렀다. 청년은 다시 한 번 스승의 말을 떠올렸다.

'천한 사람이건 귀한 사람이건 사람의 생명은 소중한 것이다. 꼭 살생을 해야 할 상황이 아니라면 그 자리를 피하여 목숨을 보전하고 상대방의 목숨도 구하라……'

스승 노식은 여러 차례 강조했다. 도적의 생명이라고 다를리 없었다. 청년은 재빨리 몸을 돌려 도망치기 시작했다. 집에서 자신이 돌아오기만을 기다리고 있을 어머니가 떠올랐다. 속히 집으로 돌아가 낙양선에서 구입한 선물로 어머니를 기쁘

게 해드리고 싶었다.

"거기 서라! 어딜 도망가느냐?"

약이 오른 도적들은 포기하지 않고 청년을 쫓아왔다. 좁은
길을 지나 청년은 정신없이 달렸다. 청년은 어느새 산마루에
도착했다. 저만치 탁현 성내가 내려다보였다. 청년은 한달음
에 산길을 내려갔다. 산을 다 내려가자 계곡을 끼고 돌아가는
작은 강이 나타났다. 그때 갑자기 주변이 어두워지며 사방으
로 흙먼지가 날렸다. 도적들이 또다시 요술을 부리는 모양이
었다. 음산한 웃음소리가 들리는 가운데 천둥이 귓전을 때렸
다. 흙먼지 사이로 말을 탄 괴한들 10여 명이 홀연히 나타났
다. 머리에 누런 두건을 쓴 도적 일당이었다.

"아, 이 일을 어쩌나……."

청년은 한숨을 내쉬며 물을 등지고 섰다. 앞에도 뒤에도 모
두 도적이었다.

"물고기 밥이 되게 해 줘라!"

대장으로 보이는 괴한이 부하들에게 명령했다. 그는 검은
말을 타고 있었다. 뒤쫓던 세 명의 도적들이 합세하여 일시에
청년을 에워쌌다.

"할 수 없군!"

청년은 비로소 허리에 차고 있던 칼을 빼 들었다. 바람을 가르며 칼끝이 허공으로 솟구쳤다. 칼날은 청년의 얼굴을 닮아 백옥처럼 희었다. 청년은 좌우의 도적들을 빠르게 곁눈으로 훑었다.

"죽어라!"

괴한들이 청년을 향해 달려들었다.

"흥!"

청년은 적의 약한 곳을 찌르며 얼마간 접전을 벌였다. 칼과 칼이 부딪치며 불꽃이 튀었다. 흙먼지가 뽀얗게 일어났다. 조용하던 계곡이 병장기 부딪치는 소리로 요란해졌다. 사내들의 거친 숨소리가 연신 산을 울렸다.

그러나 수적으로 불리한 청년은 괴한들의 적수가 되지 못했다. 몇 번이나 적을 찌를 기회가 있었지만 망설인 것이 화근이었다. 창을 막아내는 순간 청년은 발을 헛디디며 넘어졌다. 찰나, 커다란 그물이 날아들어 청년을 덮쳤다. 청년은 꼼짝없이 사로잡혔다.

'잘못하면 여기서 죽고 말겠구나.'

청년은 탄식했다. 도적들이 달려들어 등에 진 봇짐과 칼을 빼앗았다. 청년은 포박 당한 채 말을 탄 두목 앞으로 끌려갔다.

"뛰어야 벼룩이지. 어딜 도망치느냐?"

두목이 수염을 매만지며 거만하게 물었다. 큰 키에 구릿빛 피부를 가진 사나이였다.

"너희들은 누구냐?"

청년은 조금도 기죽지 않았다.

"우리는 천공장군 장각 어른 휘하에 있는 부하들이다."

두목이 천천히 대답했다. 바로 그 순간이었다.

"얼쩡거리지 말고 모두 비켜라!"

어디선가 날카로운 목소리가 들렸다. 벼락이 치듯 커다란 음성이었다. 괴한들은 일제히 소리가 난 곳을 바라보았다. 대여섯 마리는 족히 될 듯한 멧돼지들이 먼지를 일으키며 우르르 달려왔다. 그 뒤를 한 남자가 칼을 휘두르며 쫓고 있었다. 몸에 새카만 전포를 걸치고 머리에 까만 두건을 쓴 사내였다.

"웬 돼지들일까……."

두목은 의아한 표정으로 부하들을 물러서게 했다. 쫓기는 멧돼지는 어미돼지 두 마리에 새끼돼지가 세 마리였다.

"내 돼지에 손대지 마라!"

사내가 소리를 꽥 질렀다.

"쯔쯧…… 어느 놈이 돼지고 어느 놈이 사람인지 통 알 수가 없군."

두목은 재미있는 구경거리가 생겼다는 듯 쿡쿡 웃었다. 두목의 말에 지켜보던 괴한들은 배를 잡고 웃음을 터뜨렸다.

"뭘 망설이느냐? 사람 말을 하는 돼지까지 모두 사로잡아라."

부하들은 와! 함성을 지르며 멧돼지 무리를 포위했다. 돼지를 뒤쫓던 사내가 걸음을 멈춘 것은 그때였다.

"어떤 놈이 나를 두고 씨부렁거리는 거냐?"

돼지를 쫓던 사내가 씩씩거리며 이쪽으로 뛰어왔다. 사내가 발을 디딜 때마다 주변의 모래가 푹푹 패였다. 키가 8척에 이르는 거구였는데 몸은 표범처럼 날랬다. 콧잔등은 어른 주먹만 했고 입 주변엔 밤송이처럼 굵고 빳빳한 털이 돋아 있었다. 괴한들은 자신도 모르게 주춤 뒤로 물러섰다.

"허, 이놈 봐라!"

사내를 보자 도적 두목은 말에서 훌쩍 뛰어내렸다. 직접 사내의 기를 꺾어 부하들에게 자신의 힘을 자랑할 생각에서였다.

"무슨 일로 밝은 대낮에 돼지를 쫓고 난리냐?"

도적 두목이 썩은 이를 드러내며 이죽거렸다. 사내는 별 이상한 놈을 다 보겠다는 듯 콧방귀를 뀌었다.

"뭐라고 나불거리는 거냐?"

사내는 다짜고짜 두목의 멱살을 잡아 공중으로 들어올렸다. 두목은 냇물 한가운데로 날아가 거꾸로 처박혔다. 대항할 틈도 없이 순식간에 벌어진 일이었다.

'아, 이를 어쩐담.'

부하들 앞에서 망신을 당한 도적 두목은 일어나지 못하고 머뭇거렸다. 다시 덤비자니 목숨이 달아날 것 같고 그대로 있자니 물이 너무 차가웠다.

"대장님이 당했다. 죽여라!"

눈치 빠른 괴한들이 떼를 지어 사내에게 덤벼들었다.

"이런, 버러지 같은 놈들!"

사내는 이리 치고 저리 치며 괴한들을 제압했다. 한바탕 춤을 추듯 유연한 동작이었다. 잠깐 사이에 서너 명의 괴한들이 사내의 칼에 맞아 나자빠졌다. 참으로 귀신같은 솜씨였다.

"이래도 덤빌 테냐?"

사내가 눈을 부라렸다. 괴한들은 서로 눈치를 보다가 뿔뿔이 흩어졌다. 물에 처박혔던 두목은 부하들이 싸우는 틈을 타 재빨리 말 위로 기어올랐다. 대장이 달아나자 칼에 맞아 넘어졌던 무리들도 피를 흘리며 도망쳤다.

"이런 못난 놈들!"

사내는 껄껄 너털웃음을 터뜨렸다. 사내는 옷을 탁탁 털고 아쉬운 듯 손을 비볐다. 사내는 도망치는 도적 따위는 안중에 없다는 듯 멧돼지가 사라진 방향을 하염없이 바라보았다.

"멧돼지는 또 잡으면 그만이니 어서 이 몸이나 풀어 주시오."

한쪽에 있던 청년이 사내를 불렀다.

"댁은 뉘슈?"

사내가 청년의 몸을 아래위로 훑었다.

"도적들과 싸우다 사로잡힌 몸이오."

청년은 답답하다는 듯 몸을 비틀었다.

"혼자 다닐 때는 조심하슈. 황건인지 망건인지 쥐새끼 같은 놈들이 도처에 쫙 깔렸다오."

사내가 들고 있던 칼로 청년의 몸에 감긴 새끼줄을 싹둑 잘랐다.

"고맙소. 위급할 때 귀인을 만나 목숨을 건졌구려."

청년은 머리를 숙여 깊게 고마움을 표했다.

"고마워할 것 없소. 놈들 때문에 돼지를 놓쳐서 잠시 손을 봐 준 것뿐이오."

사내는 도적들이 버리고 간 청년의 칼과 봇짐을 찾아왔다. 청년은 칼을 도로 사내에게 내밀었다.

"이 칼은 선조 대대로 내려오는 우리 집안의 귀한 보물입니다. 목숨을 구해 주신 분께 이 칼을 드리고 싶소."

사내는 깜짝 놀라며 황급히 사양했다.

"이게 뭐 하는 짓이오? 나는 은혜를 빌미로 사례나 받는 위인이 아니오!"

"받아 두십시오."

"허허……."

사내는 몇 번이나 사양하다가 마침내 칼을 받았다.

"그렇다면 잠시 받아 주겠소. 그나저나 이렇게 만났으니 서로 인사나 나눕시다. 내 이름은 장비이고 자는 익덕이요. 탁현 노상에서 돼지고기를 팔고 있소."

청년이 공손히 대답했다.

"나는 유비이고 자는 현덕이오. 중산정왕 유승의 핏줄로 탁현 누상촌에 살고 있습니다."

장비는 유비라는 이름이 귀에 익었다.

"누상촌의 유비라면 그 이름을 들은 듯도 합니다. 숨은 호걸을 오늘에야 만나 뵙는군요."

장비가 허리를 숙여 절을 했다.

"숨은 호걸이라니요. 나는 홀어머니를 모시고 돗자리를 짜

살아가는 가난한 촌사람일 뿐이오."

유비의 선조는 유승이었다. 유승의 아들 유정은 한무제 때 탁현을 다스리던 관리였다. 유정이 죽고 그 후손들은 대대로 탁현에 터를 잡고 살았다. 유비의 할아버지 유웅은 동군의 현령을 지냈고 유비의 아버지 유홍도 아버지의 뒤를 이어 지방 관리를 지냈다. 성품이 어질었던 유홍은 그러나 젊은 나이에 아들 하나를 남기고 병으로 죽었다. 유비의 어머니는 돗자리를 짜 시장에 내다 팔며 홀로 아들을 키웠다.

"그래, 어쩌다가 화를 당할 뻔한 거요?"

장비가 고리눈을 범처럼 치켜세웠다.

"낙양선에서 물건을 사 오는 길이오. 며칠 뒤면 어머님 생신이라⋯⋯."

유비는 말끝을 흐렸다. 홀로 남은 어머니가 생각났기 때문이다.

"여기서 황하까지는 천리길인데 거길 다녀왔단 말씀이슈?"

장비는 눈을 끔벅이며 믿어지지 않는다는 표정을 지었다.

"그렇습니다."

"도대체 무슨 선물을?"

유비가 대답했다.

"차(茶)지요. 어머니가 차를 좋아하시는데 워낙 귀한 물건이라 몇 년간 구경도 못했소. 그러다가 혹시나 해서 황하까지 가게 되었던 것이오. 강변에서 여러 날을 기다린 끝에 낙양선을 만날 수 있었지요."

장비는 감탄했다.

"듣던 대로 대단한 효자시구려."

유비는 손사래를 쳤다.

"효자라니, 당치도 않습니다. 그나저나 공은 어디로 갈 참이오? 같이 성내로 들어갑시다."

장비는 고개를 설레설레 흔들었다.

"나는 숲으로 들어가 멧돼지를 마저 사냥할 생각이오. 장사 밑천이 다 떨어졌으니 야생 돼지라도 잡아 팔아야 하지 않겠소."

"그럼, 몸조심하시구려."

"조만간 다시 만납시다."

두 사람은 인사를 나누고 헤어졌다.

2. 황건적의 난

넓고 광활한 땅 중국.

중국 역사상 처음으로 전국을 통일한 사람은 진시황이었다. 진시황은 넓은 나라를 유지하기 위해 힘으로 백성을 다스렸다. 지역마다 달랐던 글과 측정 단위를 하나로 합치고 만리장성을 쌓아 다른 나라의 침입에 대비했다.

그러나 이와 같은 정치는 많은 백성들의 불만을 샀다. 백성들은 매일같이 공사에 동원되었고 나라에 내는 세금도 많았다. 사는 게 힘들었기 때문에 고향을 버리고 도망가는 사람들이 생겨났다.

이렇게 흩어진 사람들은 시황제가 죽자 사방에서 반란을 일으켰다. 어렵게 하나로 통일된 중국은 다시 여러 나라로 갈라졌다.

혼란스럽던 중국 대륙을 두 번째로 통일한 사람은 유방이라는 장수였다. 유방은 기원전 202년, 해하라는 곳에서 반대 세력인 항우를 무찌르고 천하를 통일했다. 황제에 오른 유방은 나라 이름을 '한'이라 칭하고 새로운 시대를 열었다.

중간에 왕망이 반란을 일으켜 나라를 빼앗았지만 광무제에 의해 진압되었다. 반란을 기점으로 한나라는 전한과 후한으로 구분된다. 나라가 생긴 이후 한나라는 약 4백 년 가까이 중국을 지배하며 통일된 역사를 꽃피웠다.

때는 지금으로부터 약 천 8백여 년 전.

4백 년간 이어지던 한나라는 커다란 혼란에 빠졌다. 황제인 영제가 나라를 돌보지 않았기 때문이다. 황제는 연일 내시들에게 둘러싸여 술과 놀이로 세월을 보냈다. 대신에 나라의 크고 작은 일들은 내시들이 쥐고 흔들었다.

내시란 궁궐 안에서 황제를 도와주며 잡일을 맡아 처리하는 관리들을 이르는 말이었다. 정치와 관련된 일에는 일체 관여를 할 수 없었는데 내시들은 그것을 어기고 함부로 나랏일에 관여했다.

황제는 대신들보다 내시의 말을 더 믿고 따랐다. 내시의 권세는 하늘 높은 줄 모르고 치솟았다. 나라를 어지럽히는 내시들 중에 장양, 조충, 봉서, 단규, 후남, 건석, 정광, 하운, 곽승 등 열 명이 가장 나쁜 짓을 많이 했다. 사람들은 이들을 가리켜 십상시라고 불렀다.

내시들이 하는 일은 다양했다. 관직을 돈을 받고 팔아먹었고 세금을 제멋대로 거두었다. 마음에 들지 않는 사람을 함부로 죽였으며 황제가 백성들을 살피지 못하도록 중간에서 이간하고 방해했다.

돈을 주고 관직을 산 사람들은 임지로 부임하여 백성들의 물건을 빼앗았다. 뇌물에 대한 본전을 찾기 위해서였다. 어떤 곳에서는 세금이 한 해 농사의 수확량보다 많기도 했다.

내시들이 설치자 어진 신하들은 하나 둘 관직을 버리고 떠났다. 더러는 모함을 받아 죽음을 맞았다. 조정에는 간신배들만 벌레처럼 들끓었다.

황궁이 있는 낙양은 물론이고 시골에 이르기까지 백성들의 원성이 하늘을 찔렀다. 세금을 피해 고향을 등진 백성들 중 일부는 도적이 되었다. 관리는 세금으로 백성들의 물건을 빼앗았고 도적은 강제로 백성들의 물건을 빼앗았다. 도적은 백성을 습격하고 집을 잃은 백성은 다시 도적이 되는 악순환이 계속되었다.

도적들이 늘면서 제법 큰 규모를 갖춘 무리가 하나 둘씩 생겨났다. 개중에는 종교의 형식을 취한 도적 무리도 많았다.

사천 땅에서는 장릉이란 자가 '오두미도'라는 종교를 일으켰다. 거록 땅에서는 장각이란 자가 '태평도'라는 종교 집단을 만들었다.

그중에서 장각의 종교가 가장 강했다. 세력이 늘어가자 장각은 자신을 따르는 무리들에게 누런 두건을 쓰게 하고 모두 부하로 삼았다.

황건적 괴수 장각은 원래 이름 없는 시골 선비였다. 관리가 되는 것이 꿈이었던 장각은 열심히 글을 읽고 학문을 수련했다. 하지만 운이 나빠 과거에 자꾸 떨어졌다. 실망한 장각은 글 읽기를 포기하고 산에 들어가 약초를 캐며 살았다.

어느 날 새벽, 장각은 이상한 꿈을 꾸었다. 백발이 성성한 신선이 꿈에 나타나 손을 내미는 꿈이었다. 길몽이라 생각한 장각은 목욕을 하고 날이 밝기 무섭게 산으로 올라갔다. 신선을 만나는 꿈은 산삼을 캐기 전에 흔히 꾸는 꿈이었다.

두어 시간쯤 지나 장각은 어느 깊은 골짜기에 당도했다. 새소리도 끊기고 사방에 안개가 가득했다. 이상하게 생긴 꽃과 나무들이 주변에 즐비했다. 여러 번 산을 탔지만 처음 와 보는 곳이었다.

"장각은 고개를 들어 내 말을 들어라."

그때 어디선가 홀연히 말소리가 들려왔다. 장각은 소스라치게 놀라 그쪽을 바라보았다. 안개가 걷히면서 커다란 동굴 입구가 모습을 드러냈다. 장각은 무엇에 홀린 듯 그쪽으로 다가갔다. 동굴 입구에는 백발이 성성한 노인이 서 있었다. 지팡이를 짚고 하얀 옷을 입었는데 눈빛이 아이처럼 맑았다. 새벽녘 꿈에 보았던 바로 그 노인이었다.

"어찌하여 저를 부르십니까?"

장각은 무릎을 꿇고 엎드렸다.

"나는 신선의 나라에서 온 남화노선이다."

맑고 부드러운 목소리였다.

노인은 장각에게 세 권의 책을 내밀었다.

"이 책은 태평요술이라고 한다."

"어째서 이걸 제게 주십니까?"

"나라에 전염병이 번져 많은 백성들이 죽어갈 것이다. 이 책 안에는 병을 고치고 백성을 구하는 온갖 비법이 들어 있다. 너는 부지런히 책의 내용을 배워 죽어가는 백성들을 구해야 한다."

장각이 책을 받자 노인이 말을 이었다.

"한 가지 주의할 것이 있다. 이 책을 통해 배운 기술을 너를 위해 사용하지 마라. 개인의 욕심을 위해 이 책이 사용되면 너는 물론 모든 가족이 죽게 될 것이다."

말을 마친 노인은 연기처럼 홀연히 자취를 감췄다.

산을 내려온 장각은 문을 잠그고 방구석에 틀어박혔다. 책 속에는 비바람을 부르고 병을 고치는 방법들이 들어 있었다. 밤낮으로 책을 읽은 지 몇 달 안 되어 장각은 책에 들어 있는 기술을 완전히 터득했다.

노인의 예언은 그대로 적중했다. 도처에 원인을 알 수 없는 전염병이 번지기 시작한 것이었다. 184년 정월의 일이었다. 전염병은 황사라는 모래바람을 타고 중국 대륙 전체로 번졌다. 여기저기서 사람들이 마구 죽어나갔다. 사방에서 울음소리가 진동했다.

'드디어 내가 활약할 때가 왔구나.'

장각이 방문을 열고 나서니 많은 백성들이 구름처럼 몰려들었다. 장각은 스스로를 태평도인이라 칭하면서 백성들의 병을 고쳤다.

소문은 입에서 입을 통해 이웃 마을로 전해졌다. 병을 고친 사람들은 장각 곁을 떠나지 않았다. 따르는 제자가 며칠 만에 5백 명으로 늘어났다. 장각은 5백 명에게 전염병 고치는 방법을 알려줘 전국 각지로 보냈다. 창궐하던 전염병은 한 달도 못돼 자취를 감췄다.

"장각이 전염병을 물리쳤다!"

"장각은 하늘이 보내신 분이다!"

목숨을 구한 사람들은 장각을 신처럼 떠받들었다. 어린아이도 장각을 칭송했다. 집집마다 장각의 이름을 써서 대문에 붙였다. 아픈 사람들이 전국에서 구름처럼 모여들었다. 장각은 그들에게 태평도를 믿게 했다.

"태평도를 믿으면 병이 낫는다!"

"태평도를 믿으면 죽지 않는 불사신이 될 수 있다!"

사람들은 이구동성으로 떠들었다. 장각의 집 앞은 연일 사람들로 장사진을 이루었다. 장각은 돈을 받고 환자들에게 부적을 팔았다. 있지도 않은 지옥을 들먹이며 사람들에게 겁을 주었다. 장각을 믿어야만 구원을 받을 수 있다며 사람들을 현혹했다. 장각의 말은 곧 법이며 진리였다.

따르는 무리가 늘어가자 장각은 자만해졌다. 남화노선이 했던 충고는 금세 잊어 버렸다. 장각은 제자들을 36방으로 나누어 전국 각지로 보내고 각 지역마다 지부를 만들었다. 장각을 따르는 무리는 한 달도 안 돼 30만 명을 헤아렸다.

장각에게는 장보, 장량이라는 두 동생이 있었다.

어느 날 장각은 사람을 보내 은밀히 두 동생을 불렀다.

"조정은 내시들로 인해 썩을 대로 썩었다. 도처에 탐관오리가 넘치고 백성들은 죽지 못해 살고 있다."

아우 장량이 물었다.

"좋은 계획이라도 있습니까, 형님?"

"지금 천하의 민심은 오직 나 장각에게 쏠려 있는 상황이다. 우리 형제가 힘을 합쳐 이 기회를 잘 이용하면 황제를 몰아내고 새로운 나라를 건설할 수 있을 것이다."

"좋은 생각입니다."

두 동생은 그 자리에서 찬성했다.

장각은 대방, 중방, 소방 등의 계급을 만들어 무리를 군대식으로 나누었다. 어느 정도 위용이 갖춰지자 장각은 장보와 장량을 각각 지공장군과 인공장군에 임명했다. 장각은 부하들에게 다음과 같은 노래를 지어 퍼뜨렸다.

하늘에서 새로운 신선이 내려오니
한나라의 운명은 이제 다하였도다
푸른 하늘이 죽고 누런 하늘이 크게 일어나리라

노래는 입에서 입을 타고 전해졌다.
"곧, 한나라가 망한다!"
"새로운 신선이 우리를 구원하기 위해 오셨다!"
민심은 갈수록 흉흉해졌다.

때맞춰 전국 각지에서 이상한 일들이 자주 일어났다. 4월에는 낙양성에 큰 지진이 일어나 땅이 갈라지고 집이 무너졌다. 어느 날에는 해가 두 개나 떠 백성들을 놀라게 했고 메뚜기 떼가 보름이나 하늘을 까맣게 덮기도 했다.

황궁도 예외는 아니었다. 황제가 궁궐의 하나인 온덕전에 나아갔을 때였다. 갑자기 바람이 몰아치며 길이가 10자에 이르는 구렁이가 나타났다. 구렁이는 대들보를 타고 천천히 용상으로 내려왔다. 용상에 앉아 있던 영제는 그 자리에서 기절했다.

사람들은 모두 흉조라고 수군거렸다. 불안이 확산되자 백성들은 너나 할 것 없이 장각의 무리에 가담했다. 날이 갈수록 가담자가 늘어 황건적은 어느덧 40만을 넘어섰다.

"자, 드디어 때가 되었다. 모두 일어나 새로운 나라를 건설하자. 나를 따르면 영원히 살 것이요, 그렇지 않으면 죽을 것이다."

장각은 높은 언덕 아래 무리를 모아놓고 외쳤다. 많은 사람들이 장각에게 충성을 맹세했다. 장각은 무리들을 여러 부대로 나누어 관청을 습격하기 시작했다. 중국 역사의 한 장을 장식한 황건적의 난이 시작된 것이었다.

굶주린 백성들은 양곡 창고를 열어 곡식을 강탈했다. 거록지방에서 시작된 누런 불길은 삽시간에 청주, 유주, 연주, 기주를 비롯해 멀리 서주, 양주, 예주, 형주까지 번졌다.

황건적이 세력을 떨치자 조정은 뒤늦게 대책을 마련했다. 대장군 하진은 전국의 관문과 성에 군령을 내려 황건적을 토벌하게 했다. 그러나 관군은 종이호랑이였다. 군기가 문란해

진 관군은 싸울 때마다 패배했다.

명령은 잘 실행되지 않았고 황건의 세력은 갈수록 커져갔다. 싸우기도 전에 항복하는 군사들이 태반이었다. 싸움에 패한 장수들은 자신에게 내려질 벌이 두려워 부하를 이끌고 황건적에 가담했다.

하진은 자신이 직접 토벌군을 조직했다.

토벌군 대장에는 중랑장 노식과 황보숭, 주준 장군이 각각 임명되었다. 기도위 동탁과 중군교위 원소가 부하 장수로 가담했다.

하비 지방의 손견은 지방 군사를 거느리고 싸움터로 향했다.

3. 용맹한 젊은이여, 일어나라

봄볕이 따스하게 내리비쳤다.

유비는 식사를 마치고 집 안팎을 깨끗이 청소했다. 사방에 맑은 아지랑이가 깔린 아침이었다. 집 뒤편에 자리한 복숭아 동산은 곧 꽃을 피우려는 듯 싱싱함이 넘쳤다. 벌과 나비가 꿀을 찾아 이곳저곳 날아다녔다. 이름 모를 새들이 뽕나무 가지에 앉아 요란하게 울었다.

"봄이 왔는데 세상은 어찌하여 피 냄새를 풍기는가."

개울 건너, 탁현으로 뻗어나간 길을 바라보며 유비는 홀로 중얼거렸다. 도처에서 들려오는 건 황건적에 관한 소식뿐이었다. 황건적 일당이 유주 관아를 습격했다는 급보가 탁현으로 날아들기도 했다.

유비는 마당으로 돌아왔다. 닭들이 모이를 달라며 유비 곁으로 달려들었다. 마구간을 둘러본 뒤 흙으로 만든 토광 문을 열었다. 광 안에는 며칠 동안 짠 돗자리가 차례대로 쌓여 있었다. 유비는 그중 열 장을 꺼내 지게에 얹었다.

"장에 가려구 그러냐?"

늙은 어머니가 다가왔다.

"예, 뭐 드시고 싶으신 거라도 있으세요?"

유비가 어머니를 바라보며 물었다. 머리가 하얗게 센 어머니는 이가 모두 빠져 보기에도 안쓰러웠다.

"몸조심해서 돌아오면 더 바랄 것이 없다."

어머니는 토광에 들어가 돗자리를 짤 때 쓰는 재료들을 끄집어냈다.

"해 지기 전에 돌아올게요."

"오늘 다 못 팔면 다음 장에 팔면 되니 너무 욕심부리지 말아라."

어머니는 늘 하는 잔소리를 잊지 않았다.

유비는 지게를 지고 마당을 나섰다. 평생 어느 한 곳 흐트러진 데 없이 꼿꼿하게 유비를 키워온 어머니였다. 요즘 들어 어머니는 부쩍 허리가 굽고 기억력이 흐려졌다. 그럴수록 유비의 걱정도 늘어 갔다.

오늘은 5일에 한 번 열리는 탁현 장날이었다. 장터거리는 3백여 호가 모여 사는 제법 번성한 곳이었다. 낙양으로 향하는 큰 길 주변이었기 때문에 주막거리는 항상 여행 중인 사람들로 붐볐다. 유주를 다스리는 지방 관리는 태수 유언이었고 탁군은 교위 벼슬로 있는 추정의 관할 지역이었다.

도적이 가까이 이르렀지만 장터는 평화로웠다. 상인이나 장을 보러 나온 사람들이나 별다른 동요 없이 물건을 흥정했다. 하지만 사람들의 표정은 어딘지 모르게 어두웠다.

유비는 지게를 지고 포목전으로 향했다.

"돗자리 장수는 잠시 걸음을 멈추게."

주막거리를 지날 때였다. 누군가 급히 유비를 불렀다. 그는 탁현에서 가장 큰 주막의 주인이었다.

"무슨 일입니까?"

유비가 걸음을 멈추고 물었다.

"등에 진 돗자리를 전부 내려놓고 가게."

돈을 받으며 유비가 물었다.

"이렇게 많은 돗자리는 무엇에 쓰려고 그러십니까?"

무슨 일이 있는지 주인의 얼굴이 어두웠다.

"유주에서 주막을 단속하러 내려온 관리들이 우리 집에 묵고 있네. 법을 위반했다며 사사건건 트집을 잡는 통에 할 수 없이 뇌물로 바치려는 것일세."

물건을 쉽게 팔았지만 유비는 기분이 썩 좋지 않았다. 대도시는 물론이고 지방 관청까지 어느 한 군데 썩지 않은 곳이 없었다. 사람을 부리는 위치에 있는 자들은 누구를 막론하고 뇌물을 끌어 모으기에 바빴다.

'사방이 도적떼로구나.'

유비는 한숨을 내쉬며 주막을 나섰다. 돗자리를 다 팔았기 때문에 시간이 많이 남았다. 유비는 빈 지게를 지고 시끌벅적한 장 구경에 나섰다.

한쪽에 이르니 연근에 조청을 발라 만든 과자가 있었다. 유비는 그것을 조금 샀다. 옆 가게에 들러 등잔을 밝힐 기름을 한 통 산 뒤 지게에 얹었다.

그때 저만치 사람들이 웅성거리는 소리가 들렸다. 유비는

목을 길게 빼고 그쪽을 바라보았다. 성문이 있는 쪽이었다. 무
슨 다급한 상황이라도 생긴 걸까. 말발굽 소리가 요란했다.

"길을 비키시오. 우리는 유주에서 나왔소."

두 명의 병사가 말을 타고 급히 달려왔다. 병사들은 공터 한
쪽에 말을 멈추고 무엇인가를 벽에 붙였다.

"이 종이를 훼손하는 자는 엄벌에 처할 것이오."

키 작은 병사가 모여든 사람들에게 외쳤다.

'무슨 일일까.'

유비는 사람들을 비집고 격문을 읽어 내려갔다.

　황건적이 유주에 침범했노라

　도처에서 집에 불을 지르고 사람을 죽이니

　뜻 있는 젊은이들이여 드디어 때는 왔노라

　창검을 높이 들고 태수의 군대에 합류하여 공을 세우라

─유주 태수 유언

황건적과 맞서 싸우고자 의병을 모집한다는 내용이었다.

"드디어 일이 터졌구나."

유비는 길게 한숨을 내쉬었다. 문득 며칠 전 만났던 황건적이 떠올랐다. 이런 상태라면 탁현도 결코 안전할 수 없었다. 유비는 사람들이 흩어질 때까지 오래도록 격문을 바라보았다.

"그렇게 한탄만 해서 될 일이오?"

그때 누군가 다가와 유비에게 말을 걸었다. 그는 아까부터 유비의 행색을 지켜보던 사내였다.

"나 말이오?"

유비가 깜짝 놀라 뒤를 돌아보았다.

"그렇소. 여기 또 누가 있겠소."

대춧빛 얼굴에 키가 9척에 가까운 거인이 유비를 쳐다보았다. 유난히 짙은 눈썹은 위쪽으로 치켜 올라가 있었다. 인상 깊은 것은 사내의 턱수염이었다. 긴 수염이 배꼽 인근까지 늘어졌는데 풍모가 늠름하고 당당했다.

"공은 누구신데 나를 불렀소?"

유비는 사내가 보통 사람이 아님을 짐작하고 예의를 갖추었다.

"초야에 묻혀 사는 이름 없는 백성일 뿐이오."

사내는 유비가 뭐라고 더 말을 붙이기도 전에 등을 돌려 사라졌다.

'별 이상한 사람도 다 있군.'

유비는 사내가 사라진 골목을 뚫어지게 바라보았다. 대뜸 말을 걸어놓고 일방적으로 가 버리니 유비로서는 기분이 좋을 리 없었다.

어머니 생각이 난 것은 잠시 뒤였다. 연근과자만으로는 뭔가 부족하단 생각이 들어 유비는 정육을 파는 거리로 갔다. 돼지고기를 한 근 살 생각이었다.

"아니, 이게 누구슈?"

낯익은 목소리에 유비는 뒤를 돌아보았다.

"아……."

뒤를 돌아보니 수염이 사방으로 뻗친 사내가 입을 크게 벌려 웃고 있었다.

"익덕 장비가 아닙니까?"

"아, 유비 공이 맞으시군. 그런데 여기는 웬일이슈?"

그는 장비였다. 유비는 장비가 멧돼지 쫓던 일을 기억해냈다. 탁현에 살고 있다는 얘기는 들었지만 이렇게 다시 만나게 될 줄은 생각도 못한 일이었다.

"고기를 좀 살까 해서 나온 참이오."

"고기라…… 마침 잘됐군요. 오늘 아침에 잡은 돼지가 있으니 저쪽으로 갑시다."

장비는 다짜고짜 유비의 손을 잡아끌었다.

"뜻밖이군요. 장비 공을 만나다니……."

"노형과 내가 만난 건 다 하늘의 뜻이오. 실은 가까운 시일 내에 긴히 찾아뵐 생각이었소."

장비는 나무 상자에 담긴 돼지고기를 도마에 올렸다. 그런 다음 익숙한 솜씨로 살 몇 점을 도려냈다.

"가져가슈. 노부인께 드리면 좋아할 거요."

유비는 거절하는 장비에게 억지로 고기 값을 지불했다.

"그렇다면 술값은 내가 내리다."

장비는 근처 주점으로 유비를 안내했다.

술상이 나오자 장비는 일단 술부터 벌컥벌컥 들이켰다. 떡 벌어진 장비의 어깨는 차돌처럼 단단했다. 찔러도 피 한 방울 나오지 않을 듯 온몸이 단단한 근육으로 덮여 있었다. 머리카락과 수염은 고슴도치 바늘처럼 빳빳했고 윤기가 흘렀다.

"내 비록 지금은 돼지고기 장사를 하고 있지만, 몇 년 전만 해도 인근 고을 태수를 모시던 개인 군관이었소."

술잔을 내려놓고 장비는 말을 이었다.

"어느 날 고을이 도적의 습격을 받아 모두 불타 버리기 전까지 말이오. 중앙 군사는 코빼기도 보이지 않고 고립된 고을은 금방 황건적 세상이 되고 말았소. 장정들을 모아 몇 번이나 황건적을 공격했지만 숫자가 적어 몰살만 당했소. 그래서 기회를 엿보며 이리저리 떠돌다가 이곳 탁현까지 흘러 들어온 거요."

유비가 장비를 위로했다.

"공에게 그런 사연이 있는 줄은 꿈에도 몰랐구려."

장비가 목소리를 낮추며 바싹 다가앉았다.

"노형, 나는 첫눈에 노형이 범상치 않은 인물임을 알아보았소."

유비는 딴청을 피웠다.

"당치않소. 나는 돗자리나 짜서 파는 촌민이오."

"끝끝내 본심은 말하지 않을 생각이슈? 다른 사람은 다 속여도 내 눈은 속일 수 없을 것이오. 영웅이 초야에 숨어 있는 건 다 때를 기다리기 위해서가 아니오? 시골 촌뜨기로 위장하고 있지만 노형의 마음속엔 활활 타는 불덩이가 하나 숨어 있소. 이제 그때가 도래했는데 대체 무엇을 망설이는 거요?"

유비가 머리를 긁으며 말을 받았다.

"황건적의 죄악을 내 모르는 바가 아니오. 그러나 나는 늙으신 어머니를 모시고 있는 몸이라……."

"참으로 나약한 말씀만 하십니다. 황건적이 쳐들어와 쑥밭이 되고 나면 가족이 다 무슨 소용이란 말이오."

장비는 화가 치민 듯 문을 열고 밖으로 나갔다.

"가지 말고 기다리슈."

장비는 오래지 않아 돌아왔다. 장비의 손에는 헝겊에 감긴 물건이 소중하게 들려 있었다.

"이게 뭔지 아시겠수?"

장비는 조심스럽게 헝겊을 끌렀다. 황건적을 만났을 때 유비가 장비에게 사례로 주었던 칼이 모습을 드러냈다.

"예물로 드린 칼을 어찌하여 가져 오셨소?"

"그 이유를 모르겠소?"

장비는 칼을 쑥 뽑았다. 경쾌한 소리를 내며 칼날이 빛을 뿜었다.

"이 칼을 받은 날부터 나는 기괴한 일을 겪었소."

칼날에 장비의 부릅뜬 고리눈이 비쳤다.

"기괴한 일이라니요?"

"새벽이면 칼이 윙윙 소리를 내며 내 잠을 깨우곤 했던 거요. 처음엔 바람 소리인 줄 알았소. 문을 꼭 닫았지만 소리는 더욱 심해지기만 했소. 자세히 귀를 기울이니 소리는 이 칼에서 울려 나오고 있었소. 예부터 보검은 때를 알고 주인을 안다 하지 않았소. 보검이 제 몸을 떨어 우니 그 이유가 대체 무엇이겠소?"

"......."

장비는 결심한 듯이 말했다.

"칼을 주인에게 돌려 드리겠소. 돌아가 칼이 내는 소리를 들어 보시구려. 칼을 보고 있노라면 마음에 결심이 서게 될 것이오."

유비는 사양하지 않고 칼을 받았다. 무엇인가에 한 방 얻어 맞은 느낌이었다. 처음 장비를 보았을 때 무식하고 힘 좋은 사나이라고만 생각했다.

'역시 사람은 외모로만 판단할 일이 아니다. 우락부락하게 생긴 저 사내의 마음속에 이토록 깊은 마음이 숨어 있을 줄 누가 알았던가. 이런 인물이라면 평생을 함께해도 좋을 것이다.'

유비는 자신의 생각이 크게 잘못되었음을 깨달았다.

"우리 둘이 힘을 합친다고 무슨 뾰족한 수가 있겠소?"

유비는 장비의 솔직하고 호탕한 마음에 반하고 말았다.

"또 한 사람이 있수다. 성문 밖에 사는 관우라는 사람이오. 인물이 비범하고 책을 많이 읽어 학식도 보통이 아니오. 내가 찾아가면 분명 함께 힘을 보탤 것이오."

유비가 반응을 보이자 장비가 신이 나서 떠들었다.

"구체적으로 어떤 사람이오?"

"자는 운장으로 서당에서 아이들에게 글을 가르치는 선생입니다. 본래는 하동 해량 사람이지요. 양민을 괴롭히는 관리를 때려눕히고 관사를 불사른 죄로 벌써 수년째 강호를 떠돌고 있다 들었소. 신분을 위장하고 있지만 뛰어난 호걸임이 분명합니다."

유비는 말없이 앞에 놓인 칼을 집어 들었다. 유비는 칼날에 비친 자신의 얼굴을 오래도록 들여다보았다. 얇은 날이 파르르 떨리는 듯했다. 유비는 눈을 감고 귀를 기울였다. 바람 소리일까? 어디선가 아우성치는 소리가 들리는 듯했다. 백성들의 울음소리였다. 눈을 뜨자 칼날은 붉은 빛으로 변해 있었다. 유비는 깜짝 놀라 칼을 도로 칼집에 넣었다.

"그렇다면 함께 일을 도모합시다. 장터를 빠져나가 서쪽으로 향하다 보면 논밭 사이에 작은 야산이 보일 것이오. 그 야산 아래 보이는 마을이 바로 누상촌이오. 커다란 뽕나무 한 그루가 서 있는 집을 찾아오시오."

장비가 힘차게 고개를 끄덕였다.

"가까운 시일 내에 찾아가겠소."

유비가 한 마디 덧붙였다.

"아직 일이 어떻게 될지 모르니 당분간 비밀로 합시다. 도적들이 장터에까지 들어와 염탐을 하고 있을 것이오."

장비에 비해 유비는 모든 게 신중했다.

"백 번 옳은 말씀이오."

유비와 장비는 남은 술잔을 함께 비웠다.

4. 관우라는 사나이

다음날 장비는 아침 일찍 길을 나섰다. 관우를 만나 유비에 대한 얘기를 나누기 위해서였다. 성미가 급한 장비는 당장 유비를 찾아가자고 청할 생각이었다.

관우의 집은 성문 5리 밖에 있었다. 장비는 빠른 걸음으로 관우가 사는 마을에 당도했다. 마을 안쪽에 향나무 울타리로 둘러싸인 작은 집이 있었다. 부엌 하나에 학동들 가르치는 방 하나가 전부인 작은 집이었다.

"관우 형님 계시우?"

마당에 들어서기 무섭게 장비는 집주인을 불렀다. 안에서는 아무런 기척도 없었다. 멀리서 동네 개들이 컹컹 짖었다.

"오늘따라 웬 늦잠이람!"

장비는 성큼성큼 다가가 방문을 열어 젖혔다.

"어라?"

안에는 아무도 없었다. 이불은 반듯하게 개켜져 있었다. 작은 책상 위에는 여느 날처럼 책이 가지런히 쌓여 있었다. 장비는 부엌과 뒷간을 차례대로 확인했다. 관우의 그림자는 어디에도 없었다.

"흠, 수염 한 가닥 보이지 않는군."

장비는 싸리나무 울타리를 한달음에 타넘어 이웃집 마당으로 내려섰다.

"이보시오, 주인장!"

우렁찬 목소리였다. 마당에 있던 개가 슬금슬금 꼬리를 내리고 도망쳤다.

"누구시오?"

방문이 열리고 노인이 비죽 고개를 내밀었다.

"나는 장비라는 사람이오. 앞집에 사는 서당 선생 관우를 찾아왔는데 혹시 보지 못했소?"

노인이 불쾌한 표정을 하고 장비의 아래위를 살폈다.

"아침 일찍 아이들을 데리고 꽃구경을 가는 눈치였네."

노인은 소리내어 방문을 쾅 닫았다.

"팔자도 좋군. 이 난리판국에 꽃구경이 다 뭔가."

장비는 부아가 치밀었다. 관우를 만나 당장 거사 날짜를 잡
으려 했던 것인데 계획이 어긋난 것이었다. 장비는 시장기를
달랠 겸 마을 입구에 있는 주막으로 향했다.

"여기, 술 한 통 내주슈."

장비는 생각을 바꿔 국밥 대신 술을 시켰다. 주인 여자가 항
아리에 든 술을 끙끙거리며 통째 들고 왔다.

"혼자 오셨수?"

주인 여자가 앞치마에 손을 비비며 물었다. 일전에 관우와
함께 들렀던 것을 기억해낸 모양이었다.

"수염 긴 인간은 아이들과 꽃구경을 갔다오. 눈을 씻고 봐도
안 보이는 걸 보니 마을을 벗어나 어디 멀리 간 모양이오."

장비는 사발에 술을 따라 벌컥벌컥 들이켰다. 빈속이라 술
은 금방 올랐다. 우울했던 기분은 금세 가라앉았다. 그때 주막
에서 기르는 닭 한 마리가 장비가 앉아 있는 탁자 밑으로 다가

왔다. 떨어진 음식을 쪼아먹기 위해서였다.

"이보시오, 주인장!"

장비는 주방에 있는 주인을 손짓으로 불렀다.

"당신 닭이 겁도 없이 내 가랑이 사이로 드나드는구려. 이거야말로 날 잡아 잡수란 얘기가 아니고 무엇이겠소?"

주인이 낄낄 웃으며 대답했다.

"좋을 대로 하시지요. 그런데 구워 드릴깝쇼? 회를 쳐 드릴까요. 아니면 가마솥에 푹 삶아 드릴까요?"

"생닭이면 어떻고 삶은 닭이면 어떻수? 푹 삶은 것도 좋지만 시간이 많이 걸릴 테니 대강 알아서 가져오슈."

한 사발, 두 사발 마신 술이 어느새 두 통이 되었다. 장비는 닭 한 마리를 순식간에 해치우고 두 마리를 추가로 잡게 했다. 해는 중천에 떠 있었다. 장비는 밖을 내다보며 관우가 오기만을 기다렸다.

"꽃은 피고 술은 오른다……."

장비는 잔뜩 취해 정신없이 중얼거렸다. 정오가 되어도 관우는 나타나지 않았다. 갑자기 견딜 수 없이 졸음이 쏟아졌다. 유비를 만난 이후부터 새벽마다 잠을 설친 때문이었다.

"흠, 한숨 자야 되겠군."

비틀거리며 몸을 일으키는데 주인이 다가왔다.

"술값은 어떻게 하시렵니까?"

"술값?"

장비는 그제야 정신이 번쩍 들었다. 주머니를 뒤져보았지만 술값이 있을 리 만무했다.

"이를 어쩐다."

"자, 여기서 이럴 게 아니라 안으로 들어갑시다."

주인은 눈치가 빠른 사람이었다. 장비가 한달음에 도망갈 기색을 보이자 주인은 웃는 얼굴로 장비의 손을 잡았다.

"기왕 이렇게 된 걸 어쩌겠습니까? 술값은 술이 깬 다음에 얘기하기로 하고 안으로 들어가서 한잠 푹 주무십쇼."

"정말 그래도 되겠소?"

주인이 친절하게 나오자 장비는 안심했다.

"물론입지요. 일단 방 안으로 들어가십쇼."

당장 술값을 내지 않아도 된다는 생각에 장비는 흔쾌히 수락했다. 술값은 관우가 돌아오면 돈을 꾸어 갚을 생각이었다. 장비는 기분이 좋아서 노래를 흥얼거리며 주막 안쪽에 붙은 작은 방으로 들어갔다.

얼마나 잤을까. 장비가 눈을 뜬 것은 그로부터 몇 시간 뒤였다. 누군가 세차게 몸을 흔들어 장비를 깨웠다. 어찌 된 일인지 온몸이 포승줄에 꽁꽁 묶여 있었다.

'아뿔싸! 내가 실수를 했구나.'

장비는 술이 확 깨는 느낌이었다. 예감은 틀리지 않았다. 손에 창과 몽둥이를 든 서너 명의 포졸들이 장비를 내려다보고 있었다.

"너는 뭘 하는 놈인데 대낮부터 술을 먹고 행패를 부리느냐?"

밖에서 들여다보던 포졸 대장이 미간을 찡그리며 물었다.

"행패?"

장비는 기분이 나빠졌다. 술값을 지불하지 못했을 뿐이지 행패를 부린 기억은 결코 없었다.

"나는 장비다. 이놈들아, 어서 이 포승을 풀지 못할까!"

장비가 큰 소리로 호통을 쳤다.

"장빈지 단빈지 우리가 알 바 아니다. 왜 술을 먹고 행패를 부렸느냐고 물었다."

"행패라니? 주인을 좀 불러와라."

"허허, 이놈 보게. 따끔한 맛을 봐야겠군."

포졸들이 달려들어 몽둥이를 치켜들었다. 가만히 앉아 당하고 있을 장비가 아니었다. 이놈들! 하고 한 소리 크게 외치더니 묶인 몸을 이리저리 비틀며 힘을 썼다. 그 순간 얽어맸던 포승줄이 거짓말처럼 우두둑 끊어졌다.

"뭐, 따끔한 맛을 보여주겠다고? 그래, 어디 보여 봐라."

화가 치민 장비는 웃통을 벗어 던지고 마당으로 나섰다. 마을 사람들이 무슨 일인가 싶어 하나 둘씩 모여들었다.

"이놈, 이게 무슨 짓이냐!"

그때 어디선가 벼락치듯 큰 호통이 들렸다.

사람들은 구세주를 만났다는 듯 일제히 소리가 난 쪽으로 고개를 돌렸다. 기골이 장대한 사나이가 성큼성큼 달려오는 중이었다. 긴 수염이 가슴까지 치렁치렁했다.

"운장이 오셨구려."

모여 있던 사람들이 일제히 고개를 숙였다. 그는 다름 아닌 관우였다. 아이들과 야외로 꽃구경을 나갔던 관우는 돌아오는 길에 이 소란을 목격했다.

관우는 급히 포졸 대장을 이끌고 주막 안으로 들어갔다.

"장비는 내 아우 되는 사람이오. 술에 취해 실수를 한 모양인데 부디 한 번만 용서를 해 주시구려. 주정이 좀 있어서 그렇지 원래는 마음이 착한 사람이라오."

관우는 대장의 옷소매에 슬그머니 은전 두 잎을 넣어 주었다.

"운장이 모든 책임을 질 수 있겠소?"

대장은 못이기는 척 은전을 받았다.

"물론입니다."

마을 아이들을 가르치는 덕에 관우는 인근에서 존경받는 인물이었다.

"내 운장 얼굴을 봐서 좋게 넘어가는 거요. 주인에게 술값은 후하게 지불하여 행여 뒷말이 나오지 않도록 하시오."

"여부가 있겠습니까."

포졸들은 장비를 몇 번 째려본 뒤 그대로 돌아갔다.

관우는 주인에게 허리를 굽혀 용서를 빌고 술값을 계산했다.

"술을 조심하라고 그렇게 일렀거늘 어쩌자고 또 주정을 부렸나?"

집으로 돌아오며 관우는 호되게 장비를 나무랐다.

"주정이라뇨. 형님도 이 아우를 믿지 못하는 거요?"

장비는 억울한 생각이 들었지만 더 변명하지 않았다.

"나랑 한 가지 약속을 하자. 술을 마시고 한 번이라도 실수를 하는 날엔 더 이상 나를 찾지 마라."

"좋습니다. 술을 입에 다시 대는 날엔 성을 갈겠습니다."

장비는 우물을 퍼서 두레박째 벌컥벌컥 들이켰다.

"그래, 어쩐 일로 나를 찾아왔는가?"

관우는 몸을 씻고 들어서는 장비에게 자리를 내주었다.

"실은 형님께 급히 알리고 싶은 일이 있어 이렇게 달려온 길이오."

장비는 잘 정돈된 방 안을 둘러보았다. 벽에는 공자를 비롯한 옛 성인들의 초상화가 가지런히 걸려 있었다. 책장 안에는 이름을 알 수 없는 책들이 가득했다. 아이들이 쓰다가 놓고 간 먹과 벼루도 보였다.

"술 생각이 나서 온 게 아니고?"

"내가 허구한 날 술만 마시는 사람인 줄 아슈?"

"물론 돼지고기도 팔지."

관우는 작정한 듯 장비를 골렸다.

"형님이 아우를 그렇게 본다면 섭섭하기 그지없소. 내가 비록 이름도 없는 시골에서 고기나 팔고 있지만 그게 다 깊은 생각이 있어서 그러는 것이오. 아이들을 데리고 한가롭게 꽃구경이나 다니는 서당 훈장이 무슨 염치로 그런 말을 한단 말이오?"

"말버릇이 참 고약하구나. 봄이 되어 만물이 생동하는 게 보이지 않더냐. 아이들에게 자연을 가르치는 것은 글을 가르치는 것 못지않게 중요한 일이다."

"흥, 잘난 척은 여전하시군. 형님 눈엔 봄이 되어 만물이 생동하는 것만 보이슈? 도적들이 피바람을 일으키는 건 왜 안 보이슈?"

장비는 뽀로통해졌다.

"그래, 급히 알리고 싶은 일은 뭔가?"

관우가 부드러운 목소리로 물었다.

"며칠 전 일입니다. 갑자기 날씨가 따스해져 시장에 내다 팔려고 잡아 놓은 돼지고기가 모두 썩어버린 일이 있었소."

"그래서?"

돼지고기가 상한 것은 장비가 술을 먹고 이틀이나 장사를 거른 탓이었다.

"별 수 있습디까? 장사 밑천을 모두 날렸으니 멧돼지라도 잡아다 팔 도리밖에요."

장비는 산을 헤매다가 멧돼지를 발견한 일이며, 멧돼지를 쫓다가 황건적을 만나고, 또 유비를 구하게 된 일을 신이 나서 떠들었다.

"음……."

관우는 수염을 쓰다듬으며 잠자코 듣기만 했다.

"그런데 그 유비라는 청년, 보통 사람이 아닙디다. 생긴 건 계집아이처럼 순해 보였는데 알고 보니 황실의 직계 후손이었소."

장비는 장터에서 유비를 다시 만나 칼을 돌려준 얘기를 자세히 들려주었다.

"유비라면 나도 한두 번 본 적이 있고 얘기를 들었네."

관우는 어제 장터에서 보았던 유비를 떠올렸다. 격문 앞에 섰던 유비에게 말을 걸었던 인물이 바로 관우였다. 전에도 관우는 장터에서 돗자리를 지고 가는 유비를 본 일이 있었다. 인물이 범상치 않아 마음에 새겨두고 있었던 것이다.

"그래, 구체적으로 어떤 얘기를 나누었나?"

"날을 잡아 관우 형님과 찾아뵙기로 약조를 했습니다."

"자네가 중간에서 애를 많이 썼군."

관우는 모처럼 장비를 칭찬했다.

"그럼 날을 잡고 자시고 할 것 없이 지금 당장 찾아갑시다."

칭찬을 듣자 장비는 덩달아 기분이 좋아졌다.

관우는 금세 태도를 바꿔 장비를 나무랐다.

"지금 누상촌을 가기엔 시간이 너무 늦지 않았나? 모든 일에는 법도가 있고 순서가 있는 법이네. 사람을 먼저 보내 날짜

를 잡고 좋은 날을 골라 찾아가는 게 예의일 걸세. 마을 어른
들을 불러 부득이 서당 문을 닫게 되었다고 양해도 구해 놓아
야 하고."

"형님은 매사를 너무 조심하는 게 탈이오."

잔소리를 듣자 장비는 다시 화가 치밀었다.

"저놈의 성질하곤……."

장비를 바라보며 관우는 빙그레 미소를 지었다. 성격이 급
하고 술을 자주 마시는 게 흠이지만 장비는 누구보다 솔직하
고 정의로운 사나이였다.

5. 도원에서 맺은 약속

　며칠 뒤 관우는 장비와 함께 유비의 집으로 갔다. 듣던 대로 집 앞에 커다란 뽕나무 한 그루가 심어져 있었다. 뽕나무 뒤에 크지 않은 초가가 한 채 놓였고 주변은 온통 복숭아나무 천지였다.

　"오시느라 노고들이 많았소."

　기다리고 있던 유비가 두 사람을 반갑게 맞이했다.

　관우도 유비 앞으로 나아가 예를 갖추었다.

"운장 관우가 이제야 인사를 드립니다. 오랫동안 강호를 떠돌아다니다가 성밖 토촌에서 아이들을 가르치며 때를 기다리고 있었습니다. 일찍부터 공의 이름을 알고 있었던 바, 오늘에야 비로소 만나게 되니 기쁘기 그지없습니다."

"오, 그대가 바로 운장 관우시구려. 듣던 대로 예사 분이 아니시오."

유비는 관우의 손을 잡아 일으켰다.

"옆에 있는 장비는 눈에 보이지도 않으슈?"

소외감을 느낀 장비가 입술을 실룩거렸다.

"그럴 리가 있습니까. 오늘 우리가 이렇게 만나게 된 건 다 장비 공의 덕이 아니겠소."

유비는 그들을 방으로 안내했다. 유비의 어머니가 부엌에서 차를 내왔다. 지난 달 유비가 낙양선에서 구입했던 바로 그 차였다. 귀한 손님이 오면 대접을 하기 위해 차를 조금 남겨두었던 것이다.

유비가 대문 밖을 가리키며 입을 열었다.

"저 뽕나무를 좀 보시오. 저 뽕나무는 예사 뽕나무가 아니라오. 오래전에 한 도인이 집 앞을 지나가다가 이런 예언을 한 적이 있었소. 뽕나무 잎이 푸르게 돋을 무렵 반가운 손님 두 사람이 찾아오리라, 하고 말이오."

관우가 수염을 매만지며 말을 받았다.

"참으로 영험한 나무군요. 예부터 나무가 오래 묵으면 신선이 된다고 했습니다. 하늘의 뜻이 그러하니 우리 셋이 힘을 합쳐 의미 있는 일을 한번 해보는 게 어떻겠습니까."

세 사람은 시간 가는 줄도 모르고 정답게 얘기를 나누었다.

"다만 오늘같이 좋은 날 술이 없으니 아쉽군요."

장비는 섭섭한 기색을 감추지 않았다.

"이제 어느 정도 뜻이 모아졌으니 작은 힘이나마 어지러운 세상을 바로잡는 데 써 봅시다."

유비의 말에 모두 동감을 표시했다.

"말로 이럴 게 아니라, 밖으로 나가 천지신명께 약조를 하는 게 어떻겠소?"

장비가 당장이라도 밖으로 나갈 것처럼 서둘렀다.

"참으로 좋은 생각이오. 그렇다면 이렇게 합시다. 보았다시피 이 집 주변엔 복숭아꽃이 만발하오. 내일 아침 일찍 일어나 몸을 씻고 하늘에 정식으로 제사를 올리는 게 어떻겠소? 그런 다음 서로 의형제를 맺고 의병으로 나아가는 것이오."

"아, 참으로 현명하신 생각입니다."

관우와 장비는 즉석에서 동의했다.

다음날 새벽, 세 사람은 우물로 가 몸을 깨끗이 씻었다. 우물은 뼛속이 시릴 정도로 차가웠다. 몸을 씻은 뒤 머리와 수염을 정갈하게 다듬고 새 옷으로 갈아입었다.

유비가 부엌으로 가 보니 아궁이 가득 장작이 타고 있었다. 유비는 어머니를 도와 음식을 만들었다. 장비와 관우는 복숭아꽃이 만발한 도원으로 나가 제단을 만들었다.

"정말 멋진 곳이군."

해가 뜨자 눈부시게 아름다운 복숭아 꽃밭이 눈앞에 펼쳐졌다. 관우는 감탄을 금치 못했다. 주변 풍경은 신선이 산다는 도원과 다를 바 없었다.

"이렇게 아름다운 곳에서 형제의 연을 맺게 되다니 꿈만 같습니다."

장비는 덩치에 어울리지 않게 코를 벌렁거리며 향기를 맡았다.

두 사람이 정성껏 만든 제단 위에 조촐한 제사 음식이 차려졌다. 장비가 좋아하는 술도 한 말이나 제단에 올려졌다. 세 사람은 살아 있는 양을 잡아 피를 내고 제단에 바쳤다.

"잠깐, 이렇게 하는 게 어떻겠소."

관우가 절을 하려는 유비와 장비를 가로막았다.

"의병을 모집하고 전쟁터로 나가게 되면 누군가 우리들을 이끌어야 할 것이 아니오? 그러니 이 자리에서 유비 공을 주군으로 모시는 맹세를 함께 거행하고 싶습니다."

장비가 유쾌한 얼굴로 거들었다.

"그거야 당연한 일 아닙니까? 앞에서 우리를 이끌어 주신다면 목숨을 버리는 한이 있어도 따를 생각이오."

유비는 황망히 손을 저었다.

"그건 안 될 말씀들이오. 내가 비록 한나라 종실의 후예라고는 하나 초야에 묻혀 산 지 오래돼서 누구를 앞에서 이끌 주군의 자격이 없소. 무예 실력은 물론, 그만한 덕망도 쌓지 못했으니 말을 거두어주시오."

"무예 실력이 주군의 자리를 결정하는 것은 아니잖소. 내가 보기에 유비 공은 이미 충분한 덕망과 인격을 갖추고 있소이다."

관우가 거듭 간청하자 유비는 겨우 고개를 끄덕였다.

"그렇다면 이렇게 합시다. 오늘은 일단 서로의 나이를 셈하여 형제의 연을 맺고 나머지 일은 차차 결정하기로 말이오."

"좋습니다."

그 의견에 세 사람은 모두 찬성했다. 나이를 따져 보니 가장 나이가 들어 보였던 장비가 막내였다. 유비와 관우의 나이는 서로 엇비슷했는데 관우가 둘째 되기를 자청했다. 그래서 유비가 맏형이 되고 관우가 둘째, 장비가 막내가 되었다.

세 사람은 옷깃을 여미고 제단 앞으로 나아가 향을 살랐다. 그런 다음 즉석에서 다음과 같은 제문을 지어 바쳤다.

하늘에 계신 천지신명이시어
우리가 비록 같은 해, 같은 날에 태어나지는 못했지만
같은 해 같은 달에 함께 죽기를 청하오니
하늘은 그 뜻을 가상히 여겨 굽어 살펴 주소서

세 사람은 제단에 꿇어 엎드려 천지신명께 자신들의 맹세를 알렸다.

맹세가 끝나자 서로 맞절을 하고 형제의 약속을 굳게 지킬 것을 다짐했다.

"맹세는 했지만 말 한 필 없으니 무엇으로 싸우겠소?"

장비의 말에 유비가 대답했다.

"뜻이 있는 곳에 길이 있다고 했네. 우선 젊은이들을 모집하고 그 뒤에 말과 군자금을 구해 보세."

삼형제는 마을 사람들을 불러들여 크게 잔치를 열었다. 잔치가 무르익을 무렵 유비가 사람들 앞으로 나가 앞으로의 계획을 말했다.

"도적들로부터 나라와 백성을 구하고자 유비, 관우, 장비, 삼형제가 의병을 일으켰습니다. 우리와 함께할 사람들은 누구라도 모여 주시오."

즉석에서 10여 명의 젊은이들이 의병에 지원했다.

"누상촌에 용이 났군."

"숨어 있던 황실의 후예가 이제야 모습을 드러내는구나."

마을 노인들이 이구동성으로 유비를 칭찬했다.

다음날 세 사람은 수십 장의 방문을 써서 인근 마을마다 돌렸다. 말과 의병, 식량과 군자금을 모집한다는 내용이었다. 장터 주막거리는 말할 것도 없고 성 밖에 삼삼오오 흩어져 있는 민가에까지 빠짐없이 방문을 돌렸다.

"누상촌의 유비가 의병을 모집한다!"

소문은 금방 인근 마을로 퍼졌다. 평소 유비의 덕을 사모하던 사람들이 많아 방을 붙이기 무섭게 모여들었다. 어떤 젊은이는 기르던 말을 타고 왔고 어떤 농부는 풀을 베던 낫을 들고

달려왔다. 불과 열흘이 못 되어 모여든 사람들의 수는 2백 여 명을 넘어섰다.

부하들이 생기자 누구보다도 신이 난 사람은 장비였다. 뽕나무 앞 공터에 임시 막사가 지어졌다. 장비는 그토록 좋아하던 술을 한 모금도 입에 대지 않고 무술 훈련을 시작했다.

어느 날 인근 산꼭대기로 정찰을 나갔던 의병이 달려와 보고했다.

"백여 마리의 말이 산길을 통해 누상촌으로 오고 있습니다."

"뭐, 그게 정말이냐?"

보고를 받은 장비는 즉시 유비와 관우를 찾았다. 마침 두 사람은 자리에 없었다.

"흠, 필시 지나가는 말 장사가 틀림없을 것이다."

장비는 의병 두 사람을 데리고 급히 말이 오는 곳으로 달려갔다. 말 장사를 위협하여 쓸 만한 말을 몇 마리 얻을 작정이었다.

"어디로 가는 말들인가?"

장비는 본심을 감추고 말을 몰고 오는 사람에게 물었다. 말들은 하나같이 살이 올라 튼튼했다. 장비는 자신도 모르게 군침을 흘렸다.

"나는 중산현에서 친구 소쌍과 함께 말 장수를 하고 있는 장세평이란 사람이오. 댁들은 뉘시오?"

앞에서 말을 끌던 중년 남자가 장비의 행색을 자세히 살폈다.

"우리는 마을을 순찰하는 주민들입니다. 지금 어디로 가는 길이오?"

"누상촌에 사시는 유비 현덕께서 의병을 일으켰다기에 이렇게 찾아오는 길입니다."

장비의 두 눈이 반짝 빛났다.

"아, 그렇다면 잘 되었구려. 이 사람은 유비 형님의 아우 되는 사람으로 이름은 장비라 하오. 무슨 일로 이 많은 말을 몰고 오는 것입니까?"

"곳곳에 도적들이 창궐하니 부족하나마 의병들에게 힘을 보태고 싶어서요."

"그, 그렇다면 이 말들을 다 주겠단 말이슈?"

장비의 눈이 왕방울 만해졌다.

"말뿐이 아니오. 말 위에는 무기를 만들 수 있는 쇠 일천 근과 군복을 만들 수 있는 옷감 백 필, 군자금으로 쓸 수 있는 금은 5백 량이 실려 있소. 백성들을 위해 아낌없이 피를 흘려 주시오."

"참으로 고마운 분이구려."

감동한 장비는 울먹이며 엎드려 절을 했다.

"그럼 함께 말을 끌고 갑시다. 우리 형님께서도 크게 기뻐할 거요."

미리 소식을 전해 들은 유비는 맨발로 달려 나와 장세평을 맞았다.

"그대는 참으로 훌륭한 사람이오."

"의병을 일으킨 유비 공이 말이 없어 고생한단 소식을 듣고 밤낮으로 달려온 길입니다. 보잘것없는 이 물건들을 밑천 삼아 어지러운 나라를 구하고 널리 백성들을 이롭게 해 주십시오."

말을 마친 장세평은 하인들을 데리고 왔던 길로 총총히 사라졌다.

"하늘이 내리신 것이다."

유비 삼형제는 장세평이 주고 간 돈으로 전쟁에 필요한 식량과 물건을 구입했다. 막사 한쪽에는 임시 대장간이 설치됐다. 인근 마을의 대장장이들이 다투어 몰려왔다. 대장장이들은 쇠를 녹이고 망치로 두들겨 의병들이 입을 갑옷과 무기를 만들었다.

유비는 의병을 지휘할 칼 두 자루를 만들게 했다. 가볍고 날

렵한 칼이었다. 유비는 칼에다가 암수 한 쌍을 뜻하는 쌍고검이라는 이름을 붙였다. 장비는 길이가 18자나 되는 장팔사모를 만들게 했다. 장팔사모는 한 마리 뱀이 입을 쩍 벌리고 적을 공격하는 모양을 본뜬 창이었다.

관우는 강철을 녹여 무게가 82근이나 나가는 청룡언월도를 만들게 했다. 반달 모양의 칼날에, 칼등에는 한 마리 용을 새겨 넣었다. 무게가 너무 무거워 대장장이들은 청룡도를 들어 올리는 데 애를 먹었다. 청룡도가 완성되자 관우는 한 손으로 들고 휘둘렀다.

의병들의 수는 점점 더 늘어 5백 명이나 되었다. 말을 탄 기병의 숫자도 2백 명에 달했다. 의병들에게는 저마다 창과 칼, 화살 따위가 지급되었다. 장비는 하루도 거르지 않고 의병들에게 창 쓰는 법과 칼 쓰는 법을 훈련시켰다. 한쪽에선 관우가 활 쏘는 법과 말 타는 법을 가르쳤다. 장비가 의병을 훈련시키고 관우가 군율을 마련하니 날이 갈수록 사기가 하늘을 찔렀다. 오합지졸에 불과했던 의병들은 시간이 흐르자 훈련된 군사들로 바뀌어 갔다.

'드디어 떠날 때가 되었다.'

어느 날 유비는 어머니를 찾아가 자신의 뜻을 전했다. 홀로 계신 어머니를 두고 떠나는 길이라 눈물이 앞을 가렸다. 어머니는 그런 유비를 꾸짖었다.

"나라를 위해 떠나는 대장부가 어찌하여 눈물을 보이느냐?"

다음날 유비는 의병을 거느리고 조용히 누상촌을 빠져나갔다. 탁현을 지나갈 때 사람들은 일손을 멈추고 너나 할 것 없이 몰려나왔다. 그들은 박수를 치며 의롭게 일어선 청년들을 배웅했다. 누구보다도 감회가 깊은 사람은 장비였다. 장비는 말에 채찍을 가하며 시장 바닥을 두루 살폈다. 장비를 발견한 동료 상인들이 수군거렸다.

"저게 누구야. 돼지고기 팔던 장가 아닌가?"

"외상값 받을 게 있으니 부디 살아서 돌아오게."

장비는 그들의 말을 한 귀로 흘리며 묵묵히 말을 몰았다.

6. 형제는 용감했다

유비는 의병을 이끌고 유주로 향했다. 유주 태수 유언은 유비가 온다는 소식을 듣자 크게 기뻐했다. 유비가 의병을 이끌고 성내로 들어가자 유언은 성대하게 잔치를 베풀었다.

"관군들은 잦은 전투로 매우 지쳐 있소. 그런 마당에 젊은 장수를 셋씩이나 얻게 되었으니 천군만마를 얻은 기분이오."

며칠 뒤 세력을 규합한 황건적이 유주를 침범했다. 유주에 나타난 황건적 대장은 정원지였다. 정원지는 5만에 이르는 부하를 유주 영내인 대흥산에 모이게 했다. 유언은 교위 추정에게 1만의 군사를 주어 황건적과 싸우게 했다.

유비는 급히 유언을 찾아갔다.

"추정의 군대에 합류하여 황건적을 치게 해 주십시오."

유언이 고개를 저었다.

"이번 싸움엔 나서지 말고 당분간 기다리게."

유언은 유비의 의병으로 하여금 관청 주변을 지키게 할 생각이었다. 유비가 간곡히 청했다.

"편히 쉴 생각이었으면 이렇게 달려오지 않았을 겁니다. 출전하여 공을 세우게 해 주십시오."

"자네 뜻이 정 그렇다면 나가서 힘껏 싸우게."

유비, 관우, 장비 삼형제는 5백 명의 의병을 이끌고 추정의 관군에 합류했다. 훈련이 잘 돼 있었으므로 유비가 이끄는 의병이 선봉을 맡았다. 유비는 관군보다 하루 먼저 대흥산으로 떠났다.

"과연 대단하구나."

유비는 언덕에 올라 대흥산을 바라보았다. 대흥산 자락은 온통 누런 물결이었다. 황건적은 질서 없이 여기저기 진을 치고 있었다.

유비는 의병을 이끌고 적진 가까이 다가갔다.

"대장님, 적이 나타났습니다!"

유비군을 발견한 황건적 부하가 정원지에게 보고했다. 정원지는 친히 밖으로 나가 유비의 군대를 살폈다. 숫자를 헤아리다가 정원지는 코웃음을 쳤다.

"얘들아, 저게 웬 잡군들이냐?"

정원지는 의자에 앉아 손으로 콧구멍을 후볐다. 그때 밤송이 턱수염을 한 장수 하나가 말을 타고 정원지 앞으로 다가왔다. 장팔사모를 손에 든 장비였다.

"창으로 콧구멍을 파줄 테니 이리 썩 나와라!"

성격이 급한 정원지가 벌떡 몸을 일으켰다.

"저 버릇없는 놈은 누구냐?"

장비가 빙그레 웃었다.

"곧 죽을 놈이 남의 이름은 알아서 무엇 하느냐?"

약이 오른 정원지는 무술이 뛰어난 부장 등무를 불렀다.

"등무야, 빨리 가서 저놈의 주둥아릴 베어 와라."

등무가 쌍도끼를 휘두르며 달려나갔다. 장비는 고리눈을 부릅뜬 채 등무를 맞았다. 등무의 쌍도끼는 천하무적이었다. 지금까지 많은 관군 장수들이 등무가 휘두른 쌍도끼에 목숨을 잃었다.

"내 도끼 맛 좀 봐라!"

등무가 장비를 향해 도끼를 내리쳤다.

"웬 잠꼬대냐!"

장팔사모와 등무의 쌍도끼가 공중에서 불꽃을 일으켰다.

"악!"

비명과 함께 피가 사방으로 솟구쳤다. 지켜보던 황건적들이 자리를 박차고 일어났다. 잘린 등무의 머리가 언덕을 따라 떼굴떼굴 굴렀다. 등무가 탔던 말은 머리 없는 주인을 매달고 정원지 앞으로 달려갔다.

"이럴 수가……."

정원지는 깜짝 놀랐다.

"이놈아, 왜 부하를 내보내느냐?"

장비가 껄껄 웃으며 약을 올렸다. 화가 치민 정원지가 칼을 휘두르며 달려 나왔다. 장비는 말을 돌려 줄행랑을 쳤다.

"여기 관우가 있다!"

이번에는 관우가 나섰다.

"네놈은 또 뭐냐. 내 칼을 받아라!"

달려 나온 관우를 향해 정원지가 칼을 휘둘렀다.

딱!

정원지의 칼과 관우의 청룡도가 한 차례 허공에서 부딪쳤다. 무시무시한 힘에 밀려 정원지는 자신도 모르게 칼을 떨어뜨렸다. 청룡도가 그대로 어깨를 내리쳤다.

"대장이 죽었다!"

황건적들은 우왕좌왕했다. 유비의 쌍고검이 적진을 가리켰다. 북을 들고 있던 장정이 힘차게 북채를 두드렸다. 황건적은 혼비백산 사방으로 흩어졌다.

"쳐라! 한 놈도 남김없이 베어라."

5백 명의 군사는 앞 다투어 황건적을 무찔렀다. 수천 명의 황건적이 죽거나 항복했다. 남은 황건적은 무기와 식량을 버리고 뿔뿔이 흩어졌다. 전투는 큰 승리로 끝났다.

"싸움이 이렇게 쉬워서야 원. 이대로 가다가는 몇 달 안에 황건적의 씨가 마르겠군."

장비는 기분이 좋아서 어깨를 으쓱거렸다.

"어림없는 소리. 오늘은 단지 운이 좋았을 뿐이네."

관우는 신중했다. 두 아우의 용맹을 직접 눈으로 확인한 유비는 마음이 흐뭇했다. 관우와 장비도 앞에서 전투를 이끈 유비가 믿음직스럽게 느껴졌다.

"5백 명으로 5만 명을 물리치다니⋯⋯."

소식을 전해 들은 태수 유언은 뛸 듯이 기뻐했다. 친히 성 밖으로 나가 개선하는 유비의 의병들을 맞이했다.

"자, 마음껏 마시고 즐깁시다. 세 분 형제의 활약이 있었기에 황건적을 몰아낼 수 있었소."

유언이 술잔을 높이 쳐들었다.

"고향을 지키기 위해 의롭게 일어선 5백 명의 군사들이 잘 싸웠기 때문에 싸움에 이겼습니다. 공이 있다면 오로지 그들에게 있습니다."

유비의 말에 5백 명의 의병들은 크게 감동했다.

성내에는 웃음소리가 떠나지 않았다. 승전을 축하하는 잔치는 밤이 깊도록 계속되었다. 누구보다도 기뻐한 사람은 장비였다. 술이 항아리마다 가득해서 장비는 모처럼 크게 취했다.

그러나 싸움은 시작에 불과했다. 잔치가 끝날 무렵 피투성이가 된 병사가 뛰어들어왔다.

"큰일났습니다. 적이 성을 겹겹이 포위했습니다."

말을 마친 병사는 그 자리에서 숨을 거두었다. 그는 이웃 청주성에서 온 전령이었다.

"내일 당장 청주성을 구원하라!"

유언이 추정에게 명령했다. 유비의 군사는 다시 선봉에 섰다. 적은 청주성을 두 겹, 세 겹으로 포위한 채 맹렬히 공격을 가하는 중이었다.

"적의 대장을 먼저 죽이자."

유비는 첫 번째 싸움에서 정원지를 무찔렀던 방식을 택했다. 관우와 장비를 연달아 내보내 적장을 유인하게 했다. 그러나 작전은 잘 통하지 않았다. 적장은 나타나지 않고 졸개들만 개미떼처럼 몰려들었다. 용감하게 싸웠지만 유비가 거느린 의병은 크게 패해 수십 리나 물러났다.

"계책을 쓰지 않으면 이길 수 없다."

유비는 관우와 장비를 불러놓고 상의했다. 다음날 추정의 본진이 도착했다. 유비는 추정에게 2천의 병사를 빌려 관우와 장비에게 각각 천 명씩 맡겼다.

"장비와 관우는 각각의 병사를 이끌고 산 좌우에 매복하게. 교위께서는 나머지 3천을 이끌고 후방을 맡아 주시오."

유비는 친히 5백 명을 이끌고 적진으로 달려갔다.

"겨우, 5백 명으로 우릴 공격하다니……."

적은 다시 벌떼처럼 공격을 가해왔다. 한 차례 싸움을 벌이던 유비군은 징 소리를 신호로 일제히 도망쳤다. 적은 방심한 채 마구 뒤를 쫓았다. 그때 갑자기 징 소리가 요란하게 울리며 산 좌우에서 군사들이 쏟아져 나왔다.

"앗! 매복이다."

황건적은 크게 당황했다. 도망가던 유비도 몸을 돌려 쫓아오던 황건적을 공격했다. 적은 좁은 길에서 서로 밟혀 죽고 돌과 화살에 맞아 죽었다. 이 틈을 노리고 성 안에 있던 청주성 관군이 쏟아져 나왔다. 추정의 군대도 적의 본진을 기습했다. 사방으로 포위된 황건적은 싸울 힘을 잃고 제풀에 무너졌다. 항복하거나 죽은 자가 헤아릴 수 없을 정도였다.

"그대들이 아니었으면 큰일 날 뻔했소이다."

청주 태수 공경은 잔치를 열고 유주의 구원병을 맞아들였다. 싸움에 지친 군사들은 술과 고기를 배불리 먹었다.

잔치가 무르익을 무렵 유비는 뜻밖의 소식을 들었다. 중랑장 노식이 황건적의 수괴 장각과 광종에서 혈전을 벌이고 있다는 내용이었다. 노식은 유비의 어릴 적 스승이었다.

다음 날 유비는 교위 추정을 찾아갔다.

"스승이 계신 곳으로 가겠습니다."

추정은 펄쩍 뛰었다.

"우리는 유주의 군사들입니다. 우리 고장 유주를 두고 다른 곳으로 갈 이유가 없지 않소?"

유비가 고개를 흔들었다.

"스승이 어려운 싸움을 하고 계시니 제자 된 도리로 어찌 모른 체할 수 있겠소? 어디서 싸워도 황건적과 싸우기는 마찬가집니다."

유비가 의병이었던 탓에 추정도 오래 만류하지 못했다. 유비는 5백 의병을 인솔하여 광종으로 달려갔다.

"누상촌에 살던 제자 유비가 왔다고 전해 주시오."

광종에 도착한 유비는 노식의 진중으로 찾아가 뵙기를 청했다.

"누상촌의 유비라……."

기억을 더듬으며 노식은 유비를 들어오게 했다.

"누상촌의 유비라면 홀어머니와 돗자리를 짜 팔던 그 소년 아닌가?"

노식은 유비를 단박에 알아보았다. 유비는 스승을 보자 무릎을 꿇고 엎드려 절을 올렸다.

"어느새 대장부가 다 되었구나."

노식은 하얀 수염을 어루만졌다.

유비가 노식에게 글을 배운 것은 약 10년 전이었다. 조정에 나가 있던 노식은 그때 병을 얻어 잠시 고향에서 휴양 중이었다.

"그래, 여기는 어쩐 일로 왔느냐?"

스승의 물음에 유비는 그간에 겪은 자초지종을 이야기했다.

"장하다. 장해……."

얘기를 다 듣고 난 노식은 몇 번이나 유비를 칭찬했다.

"그래, 공손찬과는 서로 연락이 있느냐?"

"그 뒤 통 연락을 하지 못했습니다."

공손찬은 유비와 함께 쌍벽을 이루던 노식의 제자였다. 나이는 공손찬이 많았지만 두 사람은 곧잘 어울렸다.

"적의 상태는 어떻습니까?"

"양쪽 군사가 팽팽히 대치를 하고 있어 좀처럼 승부가 나질 않는 상황이지."

노식의 얼굴에는 수심이 가득했다.

"다음 싸움에는 저를 선봉에 세워 주십시오."

노식은 고개를 끄덕이며 허락했다.

보름이나 흘렀지만 싸움은 일어나지 않았다. 노식의 관군과 장각이 이끄는 황건적은 산 하나를 사이에 두고 대치했다. 관군으로서는 15만이나 되는 적의 대군을 섣불리 공격할 수 없었다. 황건적은 황건적대로 관군이 지쳐 스스로 물러가길 기다리는 처지였다.

그러던 어느 날 노식이 사람을 보내 유비를 불렀다. 유비는 갑옷을 갖춰 입고 노식이 머물고 있는 막사로 찾아갔다. 유비가 들어서자 노식은 벽에 붙은 지도를 가리켰다.

"자네 휘하에 뛰어난 무공을 가진 장수가 있다고 들었네."

"예, 관우와 장비라는 아우입니다."

노식은 지도의 한 지점을 손으로 짚었다.

"우리가 장각과 대치하고 있는 광종이 이 지점이고 이쪽이 영천일세. 지금 영천에는 주준과 황보숭, 두 장군이 장각의 아우 장량, 장보가 이끄는 황건적과 싸우고 있네. 저쪽에서 도와달라는 연락이 왔는데 유비 자네가 갔으면 좋겠네."

주준에게 구원 요청을 받은 노식은 유비를 그들에게 보낼 생각이었다.

"저는 스승님 곁에 있고 싶습니다."

유비는 공손히 거절했다.

"이곳은 당분간 싸움이 없을 걸세. 1천 명의 관군을 줄 터이니 그쪽에 가서 공을 세우고 돌아오게."

스승이 간곡히 청하니 할 수 없는 일이었다.

"알겠습니다, 스승님."

유비는 의병을 합쳐 1천 5백 군사를 거느리고 영천으로 떠
났다.

7. 염소수염의 조조

영천에서는 관군과 황건적이 최후의 일전을 치르고 있었다. 매일 밀고 밀리는 싸움이 치열하게 전개됐다. 황건적 대장 장량과 장보는 입술이 바싹 말랐다. 하루빨리 관군을 격파하고 형 장각이 있는 광종으로 달려갈 생각이었다. 하지만 관군은 예상 외로 강했다. 수십 차례나 관군을 공격했지만 황건적은 그때마다 많은 시체만 남긴 채 뒤로 후퇴했다.

전투가 계속되면서 관군의 희생도 늘어갔다. 한 번 전투가 벌어질 때마다, 수백, 수천 명이 목숨을 잃었다. 시간이 지날수록 상황은 관군에게 불리하게 전개되었다. 황건적은 자꾸만 세력이 늘어갔다. 그러나 관군은 별다른 지원을 받지 못했다.

"이대로는 이길 방법이 없소이다."

주준이 황보숭을 찾아와 말했다. 관군 대장 황보숭과 주준은 머리를 맞대고 의논했다. 주준과 황보숭은 나이가 많은 노장들이었다. 그만큼 지혜가 많았고 모든 일에 신중했다.

생각에 잠겼던 황보숭이 대답했다.

"노식 장군에게 구원병을 청했으니 이쪽으로 군사가 오고 있을 것이오. 또한 낙양에서 기도위 벼슬을 하고 있는 조조가 구원병을 이끌고 출발했다는 전갈이 도착했소."

주준이 고개를 좌우로 흔들었다.

"그래봤자 고작 수천 명에 불과하오. 황건적은 하루가 달리 숫자가 불고 있지 않소?"

그때 막사 안으로 젊은 장수 하나가 들어왔다. 눈알이 부리부리하고 어깨가 딱 벌어진 청년이었다.

"제게 좋은 계교가 있습니다."

그는 다름 아닌 원소였다. 원소는 적의 동태를 살펴 작전을 짜는 임무를 띠고 있었다.

"방금 적진을 염탐하고 돌아왔습니다. 황건적은 내일 있을 대대적인 공격을 위해 모든 병사들이 배불리 먹은 상태에서 쉬고 있습니다. 우리가 오늘 밤 미리 기습을 한다면 큰 승리를 거둘 것입니다."

원소는 조상 대대로 조정에서 벼슬을 지낸 명문가의 자식이었다. 부모의 뒤를 이어 원소 역시 스무 살이 되기도 전에 벼슬길로 나아갔다. 원소는 승진을 거듭했고 여러 직책을 거쳐 황건적 토벌에 나섰던 것이다.

"기습을 하는 건 좋지만 황건적의 수가 많으니 무슨 수로 승리를 한단 말인가?"

주준이 신중하게 물었다.

"적군은 어리석게도 수수밭 안에 진을 치고 있습니다. 지금은 봄철이라 많은 바람이 불고 있지요. 수수밭에 불을 지르고 기습을 하면 적은 대항하지 못할 것입니다.

"그거 좋은 의견이군."

주준과 황보숭은 크게 기뻐했다.

새벽이 되자 주준과 황보숭, 원소가 지휘하는 관군은 손에 마른 풀과 유황을 들고 살금살금 적진으로 기어갔다. 칠흑같이 어두운 밤이었다. 황건적들은 코를 골며 깊이 잠들어 있었다. 보초를 해치운 관군은 마른 풀에 불을 붙여 적진으로 던졌다. 불어온 바람을 타고 황건적 막사 곳곳으로 불길이 번졌다.

"기습이다!"

잠에 빠져 있던 황건적은 깜짝 놀라 눈을 떴다. 수수밭을 따라 엄청난 불길이 일고 있었다. 황건적은 아우성치며 불길을 피해 뛰어다녔다. 불구덩이를 피해 나오자 이번에는 화살이 비오듯 쏟아졌다.

"공격하라. 모조리 베어라!"

관군은 잠든 황건적을 닥치는 대로 찌르고 베었다. 산 위에 진을 치고 있던 장량과 장보는 뒤늦게 잠에서 깨어났다. 벌판 전체가 불길에 휩싸여 있었다. 장량과 장보는 신발도 신지 못한 채 황급히 말에 올랐다. 대장들이 도망치자 황건적은 급속히 무너졌다.

한편, 유비는 밤낮을 가리지 않고 영천으로 내달렸다. 영천 싸움을 돕고 다시 스승 노식이 있는 광종으로 갈 계획이었다. 행군 중간에 탈진한 병사가 쓰러진 일이 있었다. 유비는 그 병사를 자신의 말에 태웠다. 그것을 본 병사들은 하나같이 유비를 존경하게 되었다.

유비의 부대가 영천에 도착한 것은 그날 새벽이었다. 산모

롱이를 돌아가자 저만치 불길이 치솟는 게 보였다. 관군이 수수밭의 황건적을 불로 공격하던 순간이었다. 유비는 관우, 장비와 더불어 재빨리 전투 명령을 내렸다.

"기다리면 적이 올 것이다."

유비는 자신이 데리고 온 관군 1천과 의병 5백을 길 좌우 숲에 매복시켰다. 유비의 상황 판단은 정확했다. 관군에게 급습당한 황건적들이 계곡을 따라 벌떼처럼 몰려왔다. 만여 명도 넘는 엄청난 숫자였다.

"불화살을 쏴라! 돌을 던져라!"

침착하게 기다리던 유비는 적이 포위망에 들어오자 공격 명령을 내렸다. 횃불을 든 군사들이 함성을 지르며 적의 앞길을 막아섰다.

"이놈들, 쥐새끼처럼 어딜 도망가느냐!"

장비는 신이 나서 장팔사모를 휘둘렀다. 장비가 한 번 창을 휘두를 때마다 대여섯 명이나 되는 황건적이 낙엽처럼 쓰러졌다. 관우는 황건적의 대장 장량과 장보를 찾아 이리저리 돌아다녔다. 유비는 쌍고검을 휘두르며 맨 앞에서 군사를 지휘했다.

날이 희미하게 밝았다. 황건적이 보이지 않자 유비는 징을 울려 군사들을 수습했다. 그때 어디선가 함성이 들렸다. 유비는 깜짝 놀라 소리가 난 방향을 바라보았다. 창을 든 수천 명의 군사들이 몰려오고 있었다.

"앗! 황건적이다."

의병 하나가 겁에 질려 중얼거렸다. 황건적의 구원병이 도착한 모양이었다. 유비는 난감한 얼굴로 뒤를 돌아보았다. 유비 곁에는 수십 명의 병사밖에 없었다. 황건적을 쫓느라 모두 뿔뿔이 흩어진 때문이었다.

"길을 막고 싸우면 관군이 도우러 올 것이다. 도망가지 마라!"

유비가 말에 올라 칼을 치켜들었다. 장비가 달려와 장팔사모를 움켜쥐고 유비 옆에 섰다.

"오냐, 얼마든지 오너라."

관우도 수염을 휘날리며 유비 곁으로 달려왔다.

정체불명의 군사들이 북을 치며 다가왔다. 붉은 전포를 입은 장수가 맨 앞에서 군사를 지휘하고 있었다. 장수가 타고 있는 말도 붉은 색이었다. 갑옷은 물론 안장과 장신구도 모두 붉은 색이었다.

"보아하니, 황건적은 아닌 것 같은데 그대들은 누구시오?"

유비군을 보자 붉은 갑옷의 장수가 물었다.

"우리는 황건적을 물리치기 위해 광종에서 달려온 관군과 의병이오."

유비가 조심스럽게 대답했다.

"나는 조정에서 구원병을 이끌고 달려온 기도위 조조라는 사람이오."

"저는 유주에서 의병을 이끌고 참전한 유비라고 합니다."

유비는 허리를 숙여 공손히 인사했다.

조조는 한나라 건국 초기 공신인 조참의 후예였다. 조참의 후손인 조등은 순제 때 환관으로 크게 이름을 떨친 인물이었다. 그 조등이 바로 조조의 할아버지였다. 조조가 태어난 고장은 한나라 시대에 패현으로 불리던 곳이었다. 화중 평야를 끼고 있는 서주 지역은 예부터 많은 영웅들이 탄생했다. 한나라를 건국한 고조 유방도 이 지역 출신이었다.

조조는 어릴 때부터 인물이 남달랐다. 열다섯이 되기 전에 병법과 무예에 통달했고 나이 열여덟에 벼슬길로 나아갔다. 조조는 힘 있는 사람이나 부자를 가리지 않고 엄하게 법으로 다스렸다. 백성들 사이에서 조조의 명성은 점차 높아갔다. 그럴수록 조조는 윗사람의 신임을 얻어 젊은 나이에 승진을 거듭했다. 황건적이 난을 일으키자 기도위로 승진, 5천 군사를

이끌고 내려오는 길이었다.

"도처에서 영웅들이 들고일어났다더니 그대도 그중 하나인가 보구려."

조조는 첫눈에 유비가 보통 인물이 아니란 걸 깨달았다. 낡은 갑옷을 입고 있었지만 유비는 일반 병졸들과 달리 기품이 있었다. 훗날을 예감한 운명적인 만남이었다.

"영웅이라니, 당치도 않습니다."

유비도 비로소 조조를 찬찬히 뜯어보았다. 서른 살쯤 되었을까. 조조는 7척 가량의 키에 비쩍 마른 사나이였다. 귀공자처럼 흰 얼굴에 턱이 가늘었다. 턱에는 염소수염이 몇 가닥 자라는 중이었다.

"그래, 어떤 상황이오?"

조조가 두 눈을 반짝이며 물었다.

"영천으로 오던 중 도망치는 적을 만났습니다."

유비는 새벽에 벌어진 전투 상황을 자세히 설명했다.

"날이 밝아서 천만 다행이오. 잘못했으면 우리끼리 충돌할 뻔했소이다."

조조 역시 관군이 위급하다는 연락을 받고 밤낮으로 달려오던 터였다.

"관군이 크게 이긴 모양이니 함께 주준, 황보숭 장군을 만나 봅시다."

날이 완전히 밝자 처참한 풍경이 고스란히 드러났다. 간밤의 전투는 관군의 대승이었다. 아직도 들판 곳곳에 연기가 가득했다. 창에 찔리고 불탄 황건적의 시체가 사방에 널려 있었다. 피는 내가 되어 들판을 온통 붉게 물들였다.

"대승을 하셨군요. 축하드립니다."

조조는 주준, 황보숭 장군에게 인사하고 유비가 활약한 애기를 전해 주었다.

"참으로 훌륭하시오."

주준이 유비의 어깨를 두드리며 칭찬했다.

"날이 어두워 도망치는 적을 놓쳤구나 생각했는데 천만 다행이오."

황보숭도 고마움을 전했다.

하지만 주준과 황보숭은 기분이 좋지 않았다. 유비가 이끄는 의병에게 공의 일부를 빼앗겼기 때문이다. 의병이 길을 막고 목을 벤 황건적의 숫자는 관군이 목을 벤 숫자와 비슷했다. 실로 어마어마한 전과였다.

황보숭이 유비를 따로 불러 말했다.

"이제 이곳 영천의 황건적은 씨가 말랐소. 하지만 안심할 상황은 아니오. 크게 이겼다고는 하나 적의 괴수, 장보와 장량을 아직 잡지 못했기 때문이오. 관군은 이곳에 남아 적의 잔당을 소탕할 생각이니 그대는 군사를 이끌고 즉시 광종으로 돌아가시오."

"지금 광종으로 되돌아가란 말입니까?"

"그렇소. 오늘 출발하시오."

황보숭은 유비에게 광종으로 돌아갈 것을 권했다. 의병을 돌려보내고 관군만으로 황건적 잔당을 소탕할 계획이었다.

'음, 아무리 우리가 의병이지만 너무하는군.'

유비는 말없이 관군 막사를 나섰다.

"너무 속상해하지 마시오."

소식을 전해 들은 조조가 달려왔다. 조조는 생각이 깊은 사람이었다.

"나라를 위해 싸우는데 속상할 일이 뭐 있습니까. 다만 군사들이 쉬질 못해서 그게 걱정일 뿐입니다."

유비가 길게 한숨을 쉬었다.

"우선 이곳을 떠난 뒤 적당한 곳에 가서 병사들을 배불리 먹이시오."

조조는 자신이 가지고 왔던 질 좋은 쌀을 의병들에게 나누어주며 유비를 달랬다.

"고맙게 받겠습니다."

유비는 조조에게 감사를 표하고 부하들이 있는 곳으로 돌아왔다.

"이건 관군이 우리 전공을 중간에서 가로채려는 수작입니다."

관우는 두 눈을 부릅떴다.

"유비 형님은 사람이 너무 착하고 순해서 탈이오. 목숨을 걸고 싸웠는데 이게 뭡니까? 우리를 믿고 따라나선 군사들이 불쌍해서라도 그렇게는 못하겠소."

장비는 주준과 황보숭을 찾아가겠다고 설쳤다.

"아우는 잠깐만 참게."

유비가 장비를 만류했다.

"우리가 황건적과 싸운 것은 대가와 명예를 생각하고 한 일이 아니었네."

장비는 그래도 화가 풀리지 않아 씩씩거렸다.

"황건적만 도적인 줄 알았더니 벼슬을 하고 있는 자들도 도적이기는 마찬가지로군요."

관우가 끼어들었다.

"그렇다면 어서 이곳을 뜹시다, 형님. 광종으로 돌아가 공을 세우면 저들도 우리를 업신여기지 못할 것입니다."

나라의 명령이니 어쩔 수 없는 일이었다. 유비는 의병을 인솔하여 스승이 있는 광종으로 출발했다.

8. 잡혀가는 스승

날씨는 찌는 듯 무더웠다. 의병들은 땀을 뻘뻘 흘리며 광종으로 내달렸다. 오로지 나라를 구하겠다는 생각뿐이었다. 영천을 출발한 지 삼 일째 되던 날이었다. 유비는 잠시 행군을 멈추고 병사들에게 밥을 짓게 했다.

"군사들이 오고 있습니다."

밥 짓는 일이 끝났을 때였다. 망을 보던 의병이 달려와 보고했다. 유비는 관우와 함께 언덕으로 올라갔다. 먼지를 뽀얗게

일으키며 수백 명의 군사들이 걸어오는 게 보였다.

"광종에서 오는 모양인데 누군가 큰 죄를 지었나 보군……."

거리가 가까워지자 하늘로 높이 쳐든 깃발의 모습이 드러났다. 죄인 호송을 알리는 깃발이었다. 유비는 관우, 장비를 데리고 수레가 오는 방향으로 다가갔다. 우리 안에는 머리를 풀어헤친 한 죄인이 목을 늘인 채 앉아 있었다.

유비 일행을 발견하자 앞에 섰던 군졸이 외쳤다.

"어떤 놈들이 겁도 없이 구경을 하느냐. 당장 물렀거라!"

그 소리에 장비가 버럭 화를 냈다.

"졸병 주제에 웬 헛소리냐. 눈뜨고 구경도 못한단 말이냐?"

군졸은 기가 막힌 나머지 소리쳤다.

"이놈아, 여기 황제의 깃발이 안 보이느냐? 우리는 황제의 명으로 죄인을 호송하는 낙양의 직속 군사들이다."

소란이 일자 수레를 호송하던 대장이 다가왔다.

"웬놈들이냐?"

그때 무엇을 발견했는지 유비가 사색이 되어 말에서 뛰어내렸다.

"아니, 이게 무슨 일인가."

유비는 다짜고짜 수레를 향해 뛰어갔다. 호송하던 관군들이 창을 들어 유비를 막았다.

"우리 안에 갇힌 사람은 중랑장 노식 장군이 아니시오?"

호송 대장이 대답했다.

"그렇소만, 그대는 누구시오?"

"우리는 노식 장군 밑에 소속돼 있던 의병들이오. 영천으로 지원을 나가 황건적을 무찌르고 지금 돌아오는 길이었소. 장군이 죄인이 되어 압송되고 있으니 무슨 일이오?"

호송대장이 유비의 행색을 천천히 뜯어보며 대답했다.

"자세한 내막은 알 수 없으나 노식 장군이 황건적과 내통했다는 보고가 있어 잡아들인 것이오."

"그럴 리가…… 저 분은 나의 어릴 적 스승이시오. 의리를 생각해 한 번만 뵙게 해 주시오."

"만나는 건 어렵지 않소. 다만 주변에 보는 사람들이 많으니……."

호송 대장은 난감한 얼굴로 주변을 돌아보았다. 관우가 달려와 유비의 귀에 대고 말했다.

"필시 뇌물을 달라는 애길 겁니다."

장비는 펄펄 뛰었다.

"어딜 가도 뇌물 달라는 놈 천지로군. 이럴 게 아니라, 저놈들을 모조리 죽이고 스승님을 구합시다."

유비가 격분한 장비를 나무랐다.

"황제의 명령이니 그럴 수는 없는 노릇이네."

관우가 호송 대장에게 은전 몇 냥을 은근히 내밀었다. 뇌물의 효과는 즉시 나타났다.

"말을 멈추고 잠시 쉬어라!"

호송 대장은 행군을 멈추게 했다. 유비는 관군을 밀치고 수레로 다가갔다. 노식이 초췌한 모습으로 유비를 맞이했다.

"스승님, 유비가 왔습니다. 이게 어떻게 된 일입니까?"

유비는 큰 눈으로 그렁그렁 눈물을 떨어뜨렸다.

"유비로구나……."

노식은 길게 한숨을 내쉬었다.

"황제의 명령을 받은 좌풍이라는 자가 싸움을 시찰하러 나온 일이 있었네. 좌풍은 내려오자마자 노골적으로 뇌물을 요구했지. 내가 청을 거절하자 좌풍이 조정에 거짓 보고를 올렸네. 내가 황건적과 내통하고 있다고 말일세."

"억울하게 모함을 받으셨군요?"

"어질고 정직한 사람들은 죽거나 잡혀가고 약삭빠른 사람들이 권력을 잡는 세상이네. 자네도 늘 행동을 조심하게."

"명심하겠습니다. 그렇다면 광종은 어떻게 되었습니까?"

"동탁이라는 자가 새로운 중장랑으로 부임했네."

호송 대장이 출발 명령을 내렸다.

"스승님, 부디 몸조심하십시오."

유비는 눈물을 거두고 스승과 작별했다.

"스승이 잡혀가도 인사 몇 마디가 고작이니 형님도 참으로 무심하시오."

장비가 멀어지는 수레 꽁무니를 보며 한탄했다.

"여기서 스승을 구한다고 뭐가 달라지겠나. 조정에는 아직 의로운 신하들이 많이 남아 있으니 노식 장군을 함부로 해치지는 않을 걸세."

장비는 그래도 기분이 풀리지 않았다. 장비는 모두가 들으란 듯이 큰 소리로 떠들었다.

"백성을 괴롭히는 황건적이나, 뇌물을 받아먹으며 조정에서 백성들의 피를 뽑는 관리 놈들이나 다 한통속이 아닌가. 이럴 거면 차라리 탁현으로 돌아가 돼지 뒷다리를 썰어 파는 게 훨씬 정직하고 행복한 삶이지."

"무슨 말을 그리 심하게 하나?"

관우가 나무랐다. 그러나 관우 역시 기분이 좋지 않았다.

"장비의 말도 일리가 있습니다. 이럴 게 아니라 우리 탁현으로 그냥 돌아갑시다. 피를 흘리고 싸워봤자 간신들의 튀어나온 배만 채워주고 말 것 아닙니까."

유비는 깊이 생각에 잠겼다. 황건적을 무찌르고자 하늘에 맹세를 하던 일이 떠올랐다. 목숨을 하늘에 맡긴 의병들은 대흥산에서, 유주성에서 무수히 많은 황건적을 무찔렀다. 하지만 결과는 참담했다. 관군들은 공을 빼앗기에 바빴고 조정의 간신배들은 뇌물을 요구하며 전쟁 중인 장수를 멋대로 잡아들였다.

"아우들의 말이 옳다. 탁현으로 돌아가 훗날을 기약하자."

잡혀가는 스승을 보자 유비는 모든 게 허무했다.

유비는 홀로 계신 어머니를 생각했다. 벌써 몇 달이나 어머니 소식을 듣지 못했다.

"길을 탁현으로 잡아라."

유비는 노식에게 소속돼 있던 1천 군사를 광종으로 돌려보냈다. 관우와 장비는 묵묵히 유비를 따랐다. 5백 의병도 숨을 죽이고 고향으로 길을 재촉했다.

이틀 뒤 유비와 의병들은 어느 산자락에 도착했다. 그들이 숲에서 지친 몸을 쉬고 있을 때였다. 돌연 산 뒤쪽에서 엄청난 함성이 들려왔다.

"황건적과 관군이 혈전을 벌이고 있습니다."

정찰을 마치고 돌아온 관우가 보고했다. 유비는 의병들에게 전투태세를 갖추게 하고 산마루로 올라갔다. 관우의 말은 사실이었다. 넓은 들판엔 누런 물결이 가득했다. 관군은 사방으로 포위되어 급히 쫓기는 중이었다. 황건적은 소리를 지르며 곳곳에서 관군의 목을 베었다.

"저건 중랑장 동탁의 관군이 아닙니까?"

장비가 소리쳤다.

"어쩌다가 저 지경이 되었을까. 스승님을 억울하게 잡아가더니 결국 황건적에게 짓밟히는구나."

유비는 혀를 끌끌 찼다.

자세히 바라보니 '천공장군'이라고 씌어진 깃발이 보였다. 깃발 가운데 황금으로 꾸며진 수레가 있었는데 수레 안에 금빛 전포를 걸친 남자가 앉아 있었다. 수레 속 남자는 부채로 관군을 가리키며 황건적을 지휘했다.

"가만, 저건 장각이 아닌가?"

황건적 괴수 장각을 직접 눈으로 확인하자 관우와 장비는 흥분했다.

"보고만 계실 겁니까?"

관우는 금방이라도 청룡도를 움켜쥐고 달려나갈 태세였다.

'쫓기는 관군을 외면할 수도 없고 이 일을 어찌 하면 좋을까.'

유비는 한동안 갈등했다.

"형님, 뭘 그렇게 복잡하게 생각하십니까? 당장 달려나가 수레에 불을 지르고 장각의 목을 베어 버립시다."

장비가 고리눈을 치떴다.

"공격하라!"

유비가 칼을 빼들고 앞장을 섰다.

"와아!"

의병들은 소리를 지르며 장각의 수레를 향해 내달렸다.

"장각의 목을 베라!"

유비 삼형제는 선두에서 의병을 이끌었다.

그때, 숨을 헐떡이며 도망 오는 장수가 있었다. 그는 노식 대신 중랑장으로 임명된 관군 대장 동탁이었다. 뒤쫓던 황건적 하나가 동탁이 탄 말을 칼로 내리쳤다. 말이 울부짖으며 고꾸라졌다. 동탁은 무기를 내던지고 황급히 도망쳤다. 몸이 뚱뚱했던 탓에 동탁은 걸음이 느렸다.

"이놈, 어딜 도망가느냐!"

황건적 하나가 긴 창으로 동탁의 등을 찔렀다. 창은 아슬아슬하게 빗나갔다. 황건적이 다시 창을 집어 들 무렵이었다. 유비가 재빨리 활을 꺼내들어 화살을 쏘았다. 황건적은 말 아래로 굴러 떨어졌다.

"관군이 우릴 도우러 온 모양이군."

유비를 보자 동탁은 비로소 안도의 숨을 내쉬었다.

관우와 장비는 닥치는 대로 황건적을 베었다. 전세는 금방 역전되었다. 의병들이 가담하자 관군들은 등을 돌려 싸움에 가담했다. 기세 좋게 진군하던 황건적은 갑작스런 기습에 어이없이 무너졌다.

"장각이 저기 있다. 장각을 사로잡아라!"

장각을 발견한 유비가 쌍고검을 높이 쳐들었다. 의병들이 앞 다투어 장각을 향해 몰려갔다. 장각은 깃발과 수레를 버리고 도망쳤다. 유비는 선두에 서서 황건적을 50리나 쫓아갔다.

"아까 누가 내 목숨을 구했느냐?"

싸움이 끝나자 동탁은 부하들을 시켜 유비를 데려오게 했다. 싸움에 이겼지만 관군은 전멸이었다. 동탁의 살진 얼굴에선 연신 식은땀이 흘렀다.

동탁의 부하 장수가 유비를 찾아왔다. 유비는 관우와 장비,

두 형제를 거느리고 그를 따라갔다. 막사 앞에 마중 나와 있던 동탁이 물었다.

"오오, 그대들이 나를 구해 준 은인이구려."

"우리는 마땅히 할 일을 했을 뿐입니다."

유비가 공손히 대답했다.

"처음 보는 장수들인데 어디에 소속된 무슨 벼슬의 군사들이오?"

동탁이 황소 같은 눈알을 이리저리 굴리며 유비 일행을 살폈다. 동탁은 농서군 태생으로 성격이 난폭하기로 유명한 인물이었다. 쇠몽둥이를 잘 다루었으며 말을 타고 활을 쏘면 백발백중이었다. 일찍이 장군이 되어 오랑캐 토벌에 나섰고 그때마다 크고 작은 전공을 세웠다.

그러나 동탁은 음흉한 인물이었다. 황건적이 난을 일으키자 동탁은 사람을 시켜 내시들에게 뇌물을 보냈다. 국경을 벗어나 낙양으로 진출하기 위해서였다. 뇌물의 효과는 즉시 나타났다. 노식을 잡아들이자 내시들은 재빨리 동탁을 그 자리에 임명했다.

"저희들은 관군이 아닙니다. 나라가 황건적의 말발굽에 짓밟힌 터라 홀연히 일어선 탁현의 의병들이지요."

동탁의 얼굴이 돌연 하얗게 질렸다.

"아니, 뭐라고? 중랑장 동탁이 겨우 의병 따위의 잡군에게 목숨을 구함 받았단 말인가!"

동탁은 자존심이 몹시 상한 듯 발을 굴렀다. 바닥이 쿵쿵 울렸다.

"장군의 눈엔 잡군으로 보일지 모르지만 의병들은 관군에 뒤지지 않고 열심히 싸웠소."

유비의 말에 동탁은 화를 벌컥 냈다.

"물러들 가게. 그대들이 세운 공은 내 충분히 알고 있네. 고향에 돌아가 기다리면 어디 현령 자리라도 내려질 걸세."

한 마디 툭 던지고 동탁은 막사 안으로 사라졌다. 더 말을 하기도 귀찮다는 투였다.

동탁의 태도가 돌변하자 유비는 당황했다. 목숨을 구해 주었는데 고맙다는 말을 듣기는커녕 오히려 아우들 앞에서 망신을 당한 것이었다. 세 형제는 할 말을 잃은 채 멍하니 동탁의 뒷모습을 바라보았다.

"인간의 껍질을 쓰고 어찌 저렇게 무례할 수가 있나. 내 당장 저 돼지를 두 동강 내 버리리다."

분을 참지 못한 장비가 막사 안으로 돌진하려 했다. 놀란 관우가 황급히 장비를 막았다.

"아우가 참게. 동탁은 황실에서 파견한 장수가 아닌가? 동탁을 죽이면 황제의 명을 거역하는 것이 되네."

유비도 달려들어 장비의 손을 잡았다.

"우리는 한 날 한 시에 죽기로 맹세하지 않았는가? 자네가 동탁을 죽이면 자네 역시 목숨을 부지하지 못할 걸세. 도원에서 우리 삼형제가 한 약속을 다시 한 번 생각해 주게."

분을 참지 못한 장비는 엉엉 울음을 터뜨렸다.

"그렇다면 속히 이곳을 떠납시다."

장비는 팔뚝으로 눈물을 훔치며 이를 갈았다.

9. 다시 싸움터로

유비는 관우, 장비와 더불어 다시 길을 나섰다. 그 뒤를 고향에서 따라나선 5백 명의 의병이 터덜터덜 좇았다. 공을 세우고도 잡군으로 무시당하고 용맹을 가지고도 관직이 없어 서글픈 장군들이었다. 하지만 유비와 관우, 장비는 그런 것에 연연하지 않았다.

동탁의 진영을 벗어나 얼마쯤 왔을 때였다.

"잠깐! 멈추시오."

말을 탄 병사 하나가 먼지를 일으키며 다가왔다.

"혹시 탁현에서 오신 의병들이 아니오?"

병사는 훌쩍 말에서 뛰어내렸다.

"그렇소만……."

유비는 무슨 일인가 하여 걸음을 멈추었다.

"나는 주준 장군이 보낸 전령이오. 속히 돌아와 관군을 도와 달라는 부탁이시오."

기가 막힌 생각이 들어 세 형제는 전령을 노려보았다.

"필요 없다고 내쫓을 때는 언제고 이제 와서 다시 부른단 말 인가?"

펄쩍 뛰는 장비를 대신해 관우가 점잖게 물었다.

"상황이 매우 나빠졌습니다. 황건적이 두 패로 갈라진 데다가 깊은 산꼭대기에 진을 친 탓에 고전을 면치 못하고 있습니다."

전령의 말은 사실이었다. 유비의 의병이 떠나고 영천의 상황은 매우 나빠졌다. 흩어져 달아났던 황건적이 장량과 장보를 중심으로 두 패로 갈라진 것이었다.

관군도 두 부대로 나뉘었다. 주준과 원소가 장보의 황건적을 맡고 황보숭과 조조는 장량과 대결했다. 주준은 공을 세우기 위해 몇 차례나 장보가 이끄는 황건적을 공격했다. 황건적을 얕잡아 본 주준은 그때마다 크게 패했다. 장보의 황건적은 높은 협곡 위에 진을 치고 있었다. 계곡이 깊어 관군은 접근할 때마다 큰 피해를 입었던 것이다.

"모두 똑같은 작자들입니다. 싸움에 이기면 언제 보았냐며 무시할 것이 뻔하지 않소."

장비는 노골적으로 못마땅해했다.

"우리가 싸우는 것은 관리들을 위해서가 아닐세. 관리들이 우리를 어떻게 대하든 우리는 우리 할 일을 하면 그만 아닌가. 우리마저 포기한다면 황건적에 치이고 탐관오리에 치인 백성들은 누가 구한단 말인가? 우리들은 강요에 의해 전쟁터에 나온 것이 아닐세. 남을 사람은 남고 집으로 돌아가고 싶은 사람은 집으로 돌아가게."

유비의 말에 듣고 있던 사람들은 모두 숙연한 기분이 되었다.

"주군과 뜻을 함께하겠습니다."

의병들이 이구동성으로 대답했다. 돌아가겠다는 사람은 한 명도 없었다.

"저희도 형님과 함께 운명을 같이하겠습니다."

관우와 장비도 유비의 손을 굳게 잡았다. 유비는 감격해서 눈물을 주르륵 흘렸다. 세 형제와 5백 의병은 산을 지나고 내를 건너 영천으로 길을 떠났다.

　며칠 뒤 그들은 주준의 관군이 있다는 영천에 도착했다. 달이 휘영청 밝은 저녁이었다. 초가을 날씨는 쌀쌀했고 이슬은 차가웠다. 그러나 어찌 된 일인지 벌판은 텅 비어 있었다. 관군은커녕 개미새끼 한 마리 보이지 않았다. 기러기 몇 마리가 무리를 이루어 쓸쓸히 날아갔다.

　"어느새 가을이 되었구나……."

　유비는 달을 보며 고향에 계신 어머니를 떠올렸다. 어디선가 돗자리 짜는 소리가 들려오는 듯했다. 유비는 눈을 감고 지난 일을 회상했다. 복숭아꽃 만발하던 봄에 고향을 떠났고 그 사이 여름이 지나갔다. 황건적과 정신없이 싸우는 사이 객지에서 가을을 맞은 것이었다.

　유비 삼형제와 5백 의병은 다음날 관군의 진지에 도착했다. 주준이 지휘하는 관군은 첫눈에 보기에도 그 모양새가 처량했다. 황보숭과 조조가 주력을 이끌고 곡양으로 떠난 때문이었다. 관군은 몇 번의 싸움으로 사기가 꺾여 싸울 기력을 완전히 상실한 상태였다.

　"콧대 높은 주준이 왜 우리를 불렀는지 알 것 같군."

장비가 넋두리를 했다.

"아니, 이게 누구신가?"

유비가 당도했다는 소식을 듣자 주준은 맨발로 뛰어 나왔다. 지난번과는 전혀 다른 태도였다.

"먼 길 오시느라 얼마나 피곤들 하시오. 여봐라! 어서 음식과 술을 내 오너라."

주준은 제일 좋은 자리를 골라 의병들을 쉬게 했다.

"주준이 이제야 우리 영웅들을 알아보는 모양이오."

모처럼 술을 먹게 된 장비는 마음껏 취해 소리쳤다.

"아무래도 무슨 사정이 있는 모양입니다."

관우가 유비의 귀에 대고 속삭였다.

"나도 같은 생각이네. 내일 아침이면 알 수 있겠지."

유비와 관우의 짐작은 맞아떨어졌다. 이른 아침, 주준은 몸소 유비가 머물고 있는 막사로 찾아왔다.

"관군이 두 부대로 나뉘면서 내 휘하에는 채 2만도 안 되는 군사들이 남아 있을 뿐이오. 연이은 싸움으로 군사들 중 태반은 병들고 다쳤소. 우리와 싸우고 있는 장보의 무리는 그 수가 8만에 가까우니 이를 어찌하면 좋겠소?"

"그렇다면 제가 선봉에 서서 싸움에 나가 보겠습니다."

주준이 얄미웠지만 유비는 순순히 싸움을 자청했다.

"관군 천 명을 붙여드릴 테니 계곡에 있는 적의 본진을 습격하시오. 나는 나머지 관군을 이끌고 산 주변에 매복했다가 흩어지는 적을 치리다."

주준이 큰 인심이라도 쓰듯이 말했다.

유비는 부하들에게 아침을 배불리 먹인 뒤 황건적이 숨어 있는 계곡으로 떠났다. 유비가 온다는 소식을 듣자 장보는 부하장수 고승에게 3만 명의 병력을 주어 유비를 막게 했다. 고승은 계곡 입구에 요새를 만들어 부하들을 숨긴 채 유비군이 오기를 기다렸다.

"아니, 저게 뭔가?"

유비군이 오는 것을 보자 고승은 웃음을 터뜨렸다. 2천 명도 안 되는 병사가 계곡 밑으로 줄지어 걸어오는 중이었다. 고승은 요새 문을 활짝 열고 밖으로 나왔다.

"한줌도 안 되는 병사를 이끌고 오는 자가 도대체 누구냐?"

유비군의 숫자가 적은 것을 알자 고승은 홀로 말을 달려 나왔다.

"어떤 놈이 대장이냐? 괜히 애매한 부하들 죽이지 말고 당장 나와 내 칼을 받아라!"

고승은 창을 잘 쓰기로 유명한 사람이었다. 관우가 달려 나갈 준비를 하자 장비가 청했다.

"형님, 송사리를 잡는 데 어찌 몽둥이를 사용하려 그러시우?"

장비가 장팔사모를 흔들며 고승에게 달려들었다.

"소도둑놈처럼 생긴 놈이 겁도 없이 덤비는구나."

고승이 야유를 퍼붓자 장비는 더욱 화가 났다. 한 번, 두 번, 창과 창이 허공에서 불꽃을 튀기며 부딪쳤다. 그러기를 네 번째, 장비의 창이 풍차처럼 원을 그렸다. 순간 공중에 핏빛 무지개가 그어졌다. 고승이 외마디 비명을 지르며 털썩 쓰러졌다.

"이때다. 요새를 점령하라!"

유비가 칼을 뽑아들고 소리쳤다. 군사들은 열려 있던 문을 통해 요새 안으로 쏟아져 들어갔다. 대장이 죽자 적은 동요했다. 화살을 쏘며 저항했지만 황건적은 이내 계곡 안쪽으로 흩어졌다.

"추격하라! 한 놈도 남김없이 베어라!"

관우는 맨 앞에 서서 청룡도를 휘둘렀다. 청룡도가 한 번 바람을 가를 때마다 서너 명의 적병들이 비명과 함께 나뒹굴었다. 적의 요새는 완전히 점령되었다. 황건적은 순식간에 1만 명이 넘는 사상자를 내고 도망쳤다.

5리쯤 갔을 때였다. 갑자기 바람이 일며 사방이 어두워졌다. 정신없이 적을 쫓던 유비의 군사들은 깜짝 놀라 걸음을 멈추었다. 마른번개와 함께 돌연 색색의 종이들이 휘날렸다.

"저기를 보십시오."

놀란 군사 하나가 계곡을 가리켰다. 높은 계곡 위에 홀연히 한 남자가 나타났다. 아래위로 검은 옷을 입었고 머리를 풀어 헤쳤다. 남자는 두 손을 모아 하늘에 절을 하며 연신 주문을 외웠다. 사방에서 흙먼지가 날리는 가운데 이상한 피리 소리가 들려왔다. 등골이 오싹해지도록 기괴한 풍경이었다.

"장보가 요술을 쓰는 모양입니다."

관우가 걱정스럽게 말했다. 때를 같이해 계곡 위에서 무수히 많은 바위들이 굴러 떨어졌다. 동요한 군사들이 뒷걸음질 치기 시작했다.

"물러나지 마라. 저건 눈속임일 뿐이다!"

유비와 관우가 소리쳤지만 소용이 없었다. 순식간에 백여 명 가까운 군사들이 돌에 깔려 죽거나 다쳤다. 유비는 할 수 없이 계곡 아래로 후퇴했다.

"어리석은 군사들은 장보의 요술에 속아 도망치기 바쁘고, 황건적은 군사가 접근할 수 없는 계곡 위에 숨어 있으니 이를 어찌 하면 좋을까."

유비가 침통한 표정을 지었다. 의병을 일으켜 싸움에 뛰어든 이후 처음 당한 참담한 패배였다

생각에 잠겼던 관우가 눈을 번쩍 떴다.

"계곡 반대쪽은 절벽지대입니다. 적은 우리가 그쪽으로 공격해 올 것이라고는 꿈에도 생각지 못하고 있지요. 오늘 저녁 계곡 반대편으로 은밀히 이동한 뒤 내일 새벽 일제히 절벽을 기어올라 공격합시다."

"그거 좋은 생각입니다."

장비가 즉석에서 찬성했다.

"그런데 무슨 수로 바위 절벽을 기어오른단 말인가?"

유비가 신중한 태도로 물었다.

"어딘가에 분명 길이 있을 겁니다. 장비와 제게 날랜 군사 3백 명만 주십시오. 새벽에 적의 본진을 습격하여 불태우겠습니다."

관우가 힘 있게 말했다.

유비는 주준에게 사람을 보내 작전 계획을 알리고 구원을 요청했다. 간편한 복장에 칼 한 자루씩만 든 관우와 장비는 계곡 반대편을 향해 길을 떠났다. 그 뒤를 3백 명의 군사가 소리

죽여 따랐다. 유비는 남은 병력을 이끌고 주준과 함께 계곡 입구에서 기다렸다.

관우와 장비는 10리를 돌아 적이 진을 친 반대편 계곡에 도착했다. 자세히 살펴보니 꼭대기로 올라가는 한 가닥 길이 있었다. 사람 한 명이 겨우 오를 수 있는 좁은 곳이었다.

관우가 맨 앞에 서고 장비가 맨 뒤에 섰다. 병사들은 목숨을 걸고 바위 틈새로 기어올랐다. 날이 밝자 산채의 모습이 눈에 들어왔다. 황건적은 산 정상에 땅을 파 나무를 얹어 집을 지어 놓았다. 그 수가 천여 채나 되었다. 관우와 장비는 군사들을 시켜 사방에 불을 놓게 했다. 불은 바람을 타고 순식간에 번졌다.

"절벽을 오르느라 손이 다 까졌다. 어디 맛 좀 봐라!"

장비가 창을 휘두르며 소리쳤다. 잠에 빠져 있던 황건적은 기습을 받자 크게 당황했다. 때를 같이해 계곡 아래 대기하던 유비와 주준이 군사를 몰아 진격해 왔다. 앞뒤에서 공격을 받은 황건적은 무기를 버리고 줄줄이 항복했다. 항복하지 않은 무리는 계곡으로 몸을 날리거나 불에 타 죽었다.

황건적 대장 장보는 잔당이 머물고 있는 양성으로 도망쳤다.

"잘들 싸웠소. 내친김에 장보를 사로잡읍시다."

주준은 크게 기뻐했다.

싸움에 이긴 여세를 몰아 관군은 양성으로 몰려갔다. 양성은 보기보다 튼튼하게 지어진 성이었다. 성 안에 식량도 넉넉했다. 장보는 성을 굳게 닫아걸고 밖으로 나오지 않았다. 주준은 성을 포위하고 몇 번이나 공격을 시도했다. 그때마다 화살과 돌이 쏟아져 엄청난 피해만 입고 후퇴했다.

그 사이 뜻밖의 소식이 날아들었다. 황건적의 괴수 장각이 병을 얻어 죽었다는 내용이었다.

노식 대신 중랑장이 된 동탁은 싸울 때마다 패배했다. 조정에서는 동탁을 해임하고 그 자리에 황보숭을 임명했다. 조조를 선봉에 내세운 황보숭은 싸울 때마다 적을 무찔렀다.

관군은 두목 장량의 목을 베고 무덤을 파헤쳐 죽은 장각의 목도 함께 잘랐다. 장각과 장량의 목은 소금에 절여져 황제가 있는 조정으로 보내졌다. 공을 세운 황보숭과 조조는 황제로부터 높은 벼슬을 받았다.

곡양에 숨어 있던 황건적이 완전히 토벌된 것이었다.

이제 황건적은 양성 한 군데만 남게 되었다.

10. 강동의 호랑이 손견

　다른 장군들이 공을 세우자 주준은 초조해졌다. 주준은 연일 군사를 휘몰아 양성을 공격했다. 하지만 성은 쉽게 열리지 않았다.

　그러던 어느 날 뜻밖의 일이 발생했다. 자기들끼리 싸움이 벌어져 장보가 죽은 것이었다. 그 틈을 타 관군은 물밀 듯이 성 안으로 들이쳤다. 남은 황건적은 양성을 버리고 이웃 완성으로 도망쳤다.

"정말 끈질긴 놈들이군!"

주준은 혀를 끌끌 찼다.

주준은 장보의 목을 잘라 황제가 있는 낙양으로 보내고 완성을 공격했다. 남은 황건적은 종교적인 신념이 굳은 자들이었다. 그들은 죽은 장각이 공중으로 부활하여 자신들을 구하러 올 것이라고 믿었다. 신앙으로 똘똘 뭉친 황건적 잔당은 이구동성으로 외쳤다.

"죽은 형제들의 원수를 갚자."

"황건적은 불사신이다."

완성으로 도망친 황건적은 수만 명이나 되었다. 그들을 이끌고 있는 대장들은 대방으로 활동했던 조홍, 한충, 손중이라는 장수들이었다. 완성을 점령한 황건적 잔당은 민가에 불을 지르고 식량을 빼앗았다.

주준은 몸소 앞장서서 싸움을 지휘했다. 하지만 황건적의 최후 저항도 만만찮았다. 관군이 성을 공격하자 죽음을 무릅쓰고 저항했다. 관군은 성을 포위한 채 적의 식량이 떨어질 때까지 기다릴 수밖에 없었다.

"이러다가 창에 잔뜩 녹이 슬겠군."

장비는 허구한 날 헝겊으로 창을 닦았다.

어느 날 한충이 무리를 끌고 성을 빠져나왔다. 다른 황건적에게 구원을 요청하기 위해서였다.

"한충이다. 저놈을 잡아라."

주준이 칼로 한충을 가리켰다. 활 잘 쏘는 병사들이 한충을 향해 화살을 날렸다. 한충은 고슴도치가 되어 말 아래로 떨어졌다. 군사 하나가 죽은 한충의 목을 베어 왔다. 주준은 한충의 목을 칼에 꿰어들고 큰 소리로 외쳤다.

"너희 대장 한충이 죽었다. 속히 나와서 항복하라!"

한충이 죽은 것을 본 조홍과 손중은 몸을 부르르 떨었다.

"나가서 관군을 쓸어 버리자!"

죽기를 각오한 조홍이 성문을 활짝 열고 달려나왔다. 방어만 하던 황건적이 공격해 오자 관군은 크게 당황했다. 본진은 순식간에 황건적의 말발굽 아래 짓밟혔다. 주준은 군사를 이끌고 10여 리나 후퇴했다.

관군이 물러가자 황건적은 다시 성문을 닫아걸었다. 주준의 본진은 부상병들로 넘쳤다. 여기저기서 신음소리가 들렸다. 돌아오지 않은 병사가 1만 명이나 되었다. 관군의 사기는 완전히 꺾였다.

"무슨 낯으로 황제폐하를 뵌단 말이냐."

참패한 주준은 막사 안에 처박혀 밖으로 나오지 않았다.

다음날 오후, 지친 관군 앞에 먼지를 일으키며 한 떼의 인마가 홀연히 나타났다. 1천 5백 명쯤 되는 기마 부대였다. 창검이 해를 가리고 깃발이 바람에 나부꼈다. 네 줄로 말을 달려오는데 매우 질서 정연한 모습이었다.

"저게 누굴까?"

모두들 호기심을 가지고 그들이 오기를 기다렸다. 푸른 말을 탄 장수가 푸른 갑옷을 걸치고 말안장에 앉아 있었다. 그장수는 흰 얼굴에 이마가 넓고 입술이 유난히 붉었다. 곰처럼 단단한 허리에 상체는 호랑이처럼 다부졌다. 부릅뜬 두 눈은 빛이 쏟아지는 듯 강렬했다. 우리를 깨고 뛰쳐나온 한 마리 호랑이처럼 위풍당당한 모습이었다.

"그대는 어디서 온 누구인가?"

주준이 막사 밖으로 나와 물었다.

"저는 오군 부춘 사람으로 손견이라고 합니다. 황건적의 남은 잔당을 소탕하기 위해 이렇게 달려오는 길이오."

손견이 우렁찬 목소리로 대답했다.

"오, 이토록 젊은 장수가 손견이라니. 내 그대의 이름은 익히 들었소이다."

주준은 어린아이처럼 기뻐했다.

"과찬이십니다."

손견은 허리를 숙여 인사했다.

"과찬이 아니오. 장수는 물론이거니와 군사들의 행색까지, 이렇게 잘 다듬어진 군대를 보기는 처음이오."

주준이 침을 튀기며 칭찬했다.

손견은 《손자병법》을 쓴 손무자의 후손으로 대대로 대륙 동쪽 강동에서 살았다. 손견은 반란이 일어날 때마다 앞장서서 그들을 토벌했고 사람들은 그런 손견에게 강동의 호랑이라는 별명을 지어 주었다.

주준은 소와 돼지를 잡아 잔치를 열었다.

"여러 장수가 모였으니 든든하기 그지없소. 힘을 모아 황건적 잔당을 무찌르고 낙양으로 돌아가 황제폐하에게 상을 청합시다."

주준이 잔을 들어 건배를 청했다.

주준을 비롯한 관군의 부하 장수들이 중앙에 앉고 오른쪽엔 유비와 관우, 장비가 각각 앉았다. 새로 도착한 손견은 좌우에 두 명의 장수를 대동한 채 유비 삼형제의 맞은편에 앉았다. 손견 옆에 있는 장수는 정보와 한당이었다. 그들 역시 관우와 장비 못지않은 명장들이었다.

"오늘은 군사들을 배불리 먹이고 내일 날이 밝으면 적을 공격합시다."

주준은 손견에게 완성의 상황을 자세히 설명했다.

"목숨을 걸고 적을 소탕하겠습니다."

손견이 좌중을 돌아보며 말했다.

'보통 장수가 아니구나……'

손견을 보며 유비는 속으로 감탄했다. 탁현 누상촌을 벗어난 유비는 짧은 기간 많은 인물들을 만났다. 그들 대부분은 실망스러운 사람들뿐이었다. 동탁은 거만했고 주준과 황보숭은 공을 세우는 일에 집착했다. 하지만 영천 싸움에서 만난 조조는 달랐다. 인자했으며 결코 거만하지 않았다. 지금 보이는 손견 역시 조조 못지않은 호걸임을 단박에 알 수 있었다.

"각 장수들이 서로 경쟁도 할 겸 군사를 세 군대로 나눕시다. 손견은 완성의 남문을 공격하고 유비는 북문을 맡으시오. 나는 서문을 맡겠소이다. 적은 틀림없이 동문으로 몰려나올 것이오. 별도로 1만 명의 병사를 동문 밖에 매복시켜 적을 치게 하리라."

주준은 싸움에 이기기라도 한 듯 신이 나서 떠들었다.

다음날 아침, 관군은 완성을 삼면에서 포위했다. 해가 뜨는 것을 신호로 관군은 북을 울리며 성을 향해 돌진했다. 어젯밤 약속대로 주준은 완성 서쪽 성벽을 집중 공략했다. 유비는 주준의 관군 5천 명과 더불어 북문을 공격했다. 손견은 주준의 관군 5천 명을 뒤에 세우고 남문으로 달려갔다. 손견은 자신이 이끌고 왔던 군사들을 향해 소리쳤다.

"우리는 천하 제일 강동의 군사들이다. 낙양 군사들 앞에 웃음거리가 되지 마라!"

칼을 빼 든 손견은 맨 앞에 서서 돌격을 감행했다. 손견의 부하 장수 정보와 한당이 즉시 그 뒤를 따랐다.

"와! 황건적을 무찔러라."

군사들은 앞을 다투어 성 아래로 몰려갔다. 화살과 돌멩이가 비오듯 쏟아져 내렸다. 순식간에 많은 군사들이 목숨을 잃었다. 성벽에 막혀 군사들은 앞으로 나아가지 못했다. 성문은 굳게 닫혀 좀처럼 열리지 않았다.

"도망가면 목을 벨 것이다!"

손견은 재빨리 말에서 뛰어내렸다. 돌멩이 하나가 손견의 투구를 강타했다. 그 바람에 투구가 벗겨졌다. 손견은 태연하게 투구를 집어 썼다. 앞에서 사다리를 오르던 군사가 활에 맞

아 거꾸로 떨어졌다. 손견은 그 군사를 대신해 사다리를 타고 성벽을 기어올라갔다.

"앗! 대장님이 성을 올라간다. 우리도 따르자."

보고 있던 군사들이 용감하게 손견의 뒤를 따랐다. 손견은 홀로 황건적 속으로 뛰어들었다. 10여 명의 황건적이 손견을 포위했다. 손견은 한바탕 춤을 추듯 이리저리 칼을 움직였다. 순식간에 대여섯 명의 황건적이 피를 토하며 쓰러졌다. 남문을 지키던 황건적 괴수 조홍이 달려왔다.

"죽기 아니면 까무러치기다!"

조홍은 이를 악물었다. 적이긴 했지만 조홍의 칼솜씨는 훌륭했다. 손견과 조홍은 20번이나 서로 칼을 주고받았다.

"이놈들, 아직도 강동의 호랑이를 모르느냐?"

어느 순간, 손견이 크게 호령하며 칼을 수직으로 내리쳤다. 칼이 햇볕을 받아 찬란히 빛을 뿜었다. 조홍의 몸이 맥없이 바닥으로 쓰러졌다.

"내가 조홍을 베었다! 또 누가 덤빌 것이냐?"

황건적은 도망가기 바빴다. 관군들이 수백 명씩 성을 넘어왔다. 성문은 더 버티지 못하고 활짝 열렸다.

"역시 보통 인물이 아니구나."

멀리서 바라보던 유비는 손견의 활약에 크게 감탄했다.

"하늘이 우리를 버리는구나."

조홍이 손견에게 죽는 것을 목격한 손중은 급히 말을 몰아 도망쳤다. 남문이 뚫리자 손중은 허겁지겁 북문으로 달아났다. 북문도 이미 관군이 점령한 상태였다. 손중은 갑옷과 투구를 벗어 던지고 재빨리 부하들 속에 섞였다.

피잉!

그때 어디선가 날카로운 바람 소리가 들렸다.

'화살이구나. 제발, 나를 비켜가 다오.'

손중은 순간적으로 등골이 오싹해짐을 느꼈다.

화살이 날아온 곳은 북문 망루 위였다.

퍽!

시위를 떠난 화살은 앞 다투어 달아나는 황건적 사이를 비집고 날아가 마지막 남은 괴수 손중의 뒤통수에 박혔다.

'아, 투구를 괜히 벗었구나……'

손중은 눈을 부릅뜬 채 죽었다.

"목을 베어 오너라."

철궁을 들고 있던 유비가 부하에게 소리쳤다. 부하가 냉큼 달려가 손중의 목을 베어 왔다.

유비는 돗자리를 짜면서 틈틈이 활쏘기를 게을리 하지 않았다. 꾸준한 노력이 전쟁에서 공을 세우는 밑거름이 되었던 것이다.

"대장 손중이 죽었다. 모두 항복하라!"

북문의 유비가 손중의 머리를 들고 소리쳤다. 남문과 북문이 연이어 뚫리자 성 안에 있던 황건적은 크게 놀랐다. 황건적은 싸울 의욕을 잃고 이리저리 흩어졌다. 뒤이어 주준의 군사들이 서문을 열고 들어섰다.

"동문엔 관군이 없다. 동문으로 도망쳐라."

동문은 텅 비어 있었다. 살아남은 황건적들은 안심하고 동문을 빠져나갔다. 그들이 10리쯤 갔을 때였다. 산 좌우에서 북과 징이 울리며 관군이 벌떼처럼 튀어나왔다. 길을 잃은 황건적은 정신없이 항복했다.

황보숭과 조조는 곡양에서 장각, 장량의 황건적을 완전히 물리쳤다. 주준은 유비, 손견과 더불어 장보를 죽이고 새롭게 일어난 조홍, 한충, 손중의 무리를 무찔렀다. 이로써 천하를 어지럽히던 황건적은 역사의 무대에서 완전히 자취를 감추었다.

"아, 드디어 못된 도적들이 모두 사라졌구나."

싸움이 끝나자 주준은 하늘을 우러러 절을 올렸다. 군사를 시켜 숫자를 세어 보니 죽은 적의 시체는 수만 명이나 되었다. 무기를 버리고 항복한 황건적도 부지기수였다.

이때 유비와 손견이 각각 조홍과 손중의 목을 들고 나타났다.

"그대들이 있었기에 커다란 공을 세울 수 있었소. 승전고를 울리며 다같이 낙양으로 개선합시다."

주준의 명령으로 곧 성대한 잔치가 벌어졌다. 군사들이 먹고 마시는 사이 밤이 깊어졌다.

"형님, 이제 어떻게 하실 작정입니까?"

잘 웃지 않던 관우가 모처럼 웃는 얼굴로 물었다.

"주준 장군이 낙양으로 개선하자고 한사코 붙잡는구나."

"황제에게 청하여 상을 내리려는 모양이군요."

웃고 떠드는 사이 밤이 깊었다. 술잔을 기울이던 유비는 살며시 막사를 빠져나왔다. 손톱 같은 초승달이 맞은편 산등성이에 걸려 있었다. 풀벌레 우는 소리가 귀를 울렸다. 유비는 고개를 흔들었다. 피를 흘리며 죽어 갔던 사람들이 떠올랐기 때문이다. 황건적의 대부분은 죄 없는 농민들이었다. 무식했던 그들은 장각 형제의 말에 속아 정처 없이 따라나선 사람들이다. 세금을 많이 물린 관리를 피해 어쩔 수 없이 황건적이

된 사람들도 있었다. 도적이었지만 모두가 소중한 생명들이
었다.

'아아, 이제 천하는 어떻게 되려나.'

유비는 어둠에 쌓인 벌판 저쪽을 뚫어져라 쳐다보았다.

11. 촌놈 장비의 낙양 구경

"아, 여기가 낙양이군."

낙양에 도착한 장비는 눈이 휘둥그레졌다. 낙양은 오고가는 사람들로 가득했다. 식당 앞에는 듣지도 보지도 못한 산해진미가 산처럼 쌓여 있었다. 집집마다 색색의 전등이 걸렸고 도처에서 아름다운 풍악이 울렸다. 큰길에는 모조리 대리석이 깔려 있어 얼굴이 비칠 지경이었다. 시골에서 고기 장사를 했던 장비로서는 모든 게 신기한 일이었다.

"한쪽에선 백성들이 아우성치며 싸우는데 이곳은 천하태평
이군."

과묵한 관우도 큰 눈을 굴리며 연신 주변을 살폈다.

"주준 장군 만세!"

"황제 폐하 만세!"

백성들은 큰길로 몰려나와 싸움에 이기고 돌아오는 군사들
을 환영했다. 주준은 하얀 말 위에 올라 칭송을 받으며 당당히
황궁으로 향했다. 유비가 이끄는 5백 의병은 맨 뒤에 서서 관
군의 뒤를 따랐다.

조정에서는 개선한 장수들에게 벼슬을 내리고 상을 주었다.
대장군 주준은 거기장군에 봉해지고 하남윤에 임명되었다. 강
동의 호랑이 손견에게는 별군사마라는 높은 벼슬이 내려졌다.

유비에게는 외성의 작은 성문 하나를 지키며 기다리라는 명
이 떨어졌다. 황제를 만난 주준은 몇 차례나 유비의 공을 보고
했다. 손견도 별도의 글을 통해 황건적을 무찌르는 데 유비와
관우, 장비 삼형제의 활약이 컸음을 조정에 알렸다. 먼저 조정
에 들어왔던 조조도 유비가 의병을 이끌고 싸우고 있음을 알
렸다. 하지만 이상한 일이었다. 모든 장수들이 상을 받고 고향
으로 돌아가는데 유비에게는 아무런 기별이 없었다.

가을이 깊어갔다. 낙엽이 떨어지고 성벽엔 담쟁이 넝쿨이 짙어갔다. 날이 가도 조정에서는 별다른 기별이 없었다.

"그냥 고향으로 돌아갈 것을……."

유비는 뒤늦게 후회했다. 5백 명이나 되는 부하들을 먹이다 보니 식량은 금세 떨어졌다. 유비는 이러지도 저러지도 못하고 하염없이 황제가 있는 궁궐만 바라보았다.

"목숨 걸고 싸운 우리를 이렇게 박대하다니."

신이 나서 연일 이곳저곳 쏘다니던 장비도 차츰 지쳐 갔다.

"형님, 이럴 거면 차라리 그냥 돌아갑시다."

관우도 울분을 터뜨렸다.

"조정이 어지러운 탓일 게야. 며칠만 더 기다려 보자."

유비는 마음이 아팠다. 당장이라도 돌아가고 싶었지만 공을 세운 5백 명의 부하들을 빈손으로 돌려보낼 수는 없는 노릇이었다.

어느 날 유비는 길에서 기가 막힌 소식을 듣게 되었다.

"자네, 현덕 유비가 아닌가?"

멀리서 누군가 유비를 불렀다. 유비는 천천히 뒤를 돌아보았다.

"오오, 자넨 장균이 아닌가."

유비를 부른 사람은 낭중 벼슬을 하고 있는 장균이었다. 장균은 급히 수레를 멈추고 이쪽으로 다가왔다. 유비는 한달음에 달려가 장균의 손을 잡았다. 장균은 한때 노식에게서 글을 배우던 친구였다. 유비와 친하게 지내지는 않았지만 서로 얼굴을 알고 있던 터였다.

"아니, 자네가 웬일로 이런 곳을 헤매고 있는가?"

장균은 유비를 아래위로 살폈다. 전쟁터를 돌아다닌 유비의 차림새는 거지나 다름없었다. 유비는 갑자기 설움이 복받쳐 눈물을 흘렸다.

"날은 추워지는데 부하들에게 먹일 식량이 떨어져 거지처럼 구걸을 하고 오는 길이네."

유비는 그간에 있었던 일을 자세히 설명했다.

"허허, 이런 일이 있나. 내 그러지 않아도 자네가 큰 공을 세웠다는 소식을 들었네만. 아직 벼슬 하나 얻지 못했단 말인가?"

"벼슬이 다 무엇인가. 말에게 먹일 건초 한 지게 얻지 못했다네."

"황보숭은 익주 태수가 되었고 주준은 거기장군이 되었네. 마지막에 합류한 손견도 벼슬을 받았는데 가장 큰 공을 세운 의병들을 이렇게 푸대접하다니……."

그때 퍼뜩 장균의 머리를 스치는 생각이 있었다.

"자네가 이렇게 된 것은 뇌물을 쓰지 않았기 때문이네."

"뇌물이라니?"

유비는 깜짝 놀랐다.

"황보숭과 주준은 워낙 활약이 컸던 장군들이니 뇌물을 쓰지 않아도 벼슬을 받은 걸세. 하지만 그 밑에 있던 사람들은 다르지. 손견이 별군사마라는 높은 벼슬을 받은 이유가 무엇인지 아는가. 환관들에게 약간의 뇌물을 보냈기 때문이네. 모르긴 해도 조조나 원소도 같은 방법을 썼을 걸세."

"전쟁터를 돌아다닌 사람들에게 무슨 돈이 있단 말인가?"

"미리 준비를 해야지. 자넨 황건적이 버리고 간 군량과 물품들을 모두 어떻게 했나?"

"모조리 거두어 관할 관청에 맡겼다네."

"저런, 저런……."

장균은 혀를 끌끌 찼다.

"사람이 그렇게 순진하기만 해선 안 되네. 의로움을 따르는 건 좋지만 자신이 먹을 건 스스로 챙겨야지. 자네를 믿고 따르는 부하들이 불쌍하군."

장균은 유비의 손을 쥐었다가 놓았다.

"자네, 노식 장군이 모함 받은 일을 아는가? 황건의 무리는 죄다 토벌했지만 조정에는 아직도 황건 못지않은 쥐새끼들이 존재하네. 진정으로 토벌해야 될 대상은 십상시라는 이름의 그 쥐새끼들이지."

십상시는 곁에서 황제를 가까이 모시게 되자 그것을 기회로 삼아 마음껏 권력을 휘둘렀다. 황건적 토벌에 공이 많은 장수들의 상을 주는 일도 모두 십상시가 맡아 처리했다.

"며칠만 기다리게. 내가 황제를 만나 뵙고 자네의 사정을 직접 아뢰겠네."

장균은 수레를 몰아 즉시 황궁으로 들어갔다.

"장낭중은 무슨 일로 짐을 찾아왔는가?"

황제가 높은 옥좌에 앉아 물었다.

장균은 절을 올린 후 바닥에 엎드렸다.

"신이 오늘 죽기를 각오하고 폐하께 드릴 말씀이 있습니다."

"무슨 일인지 편하게 말해 보시오."

황제는 주변에 있던 사람들을 모두 밖으로 내보냈다.

"황건의 난이 일어난 것은 부패한 관료들이 백성들을 못살게 굴었기 때문입니다. 관료들이 부패한 이유는 관직을 돈으로 사고팔았기 때문입니다."

"어찌 하여 그런 일들이 벌어지고 있는가?"

황제는 짐짓 모른 척 물었다.

"폐하 주변에 있는 간신들이 뇌물을 받고 마음대로 관직을 팔고 있기 때문입니다. 폐하는 어찌 하여 관직의 임명을 내시들에게 맡기십니까. 조정에는 대신들이 있고 대신 위에는 폐하가 계십니다. 직접 나랏일을 살펴 주소서."

듣고 있던 황제의 안색이 붉게 변했다.

"그뿐 아닙니다. 난을 토벌한 장수들에게 내리는 상벌조차 십상시들이 마음대로 결정했습니다. 뇌물을 바친 자에게는 높은 벼슬을 주고 정작 공을 세운 장수들은 말에게 먹일 건초도 얻지 못한 채 쓸쓸히 돌아다니고 있는 실정입니다."

"그게 사실이라면 다시 조사를 시키겠네."

황제는 당황해서 말을 더듬었다.

"폐하, 백성의 원망이 하늘을 찌르고 있습니다. 주변에 있는 십상시들을 모조리 물리쳐 주십시오. 저들의 목을 베어 낙양 성문에 내거시고 백성들을 어질게 보살펴 주소서."

장균은 눈물을 주르륵 흘리며 황제에게 간청했다.

"이놈, 무엄하다. 여기가 어디라고 일개 낭중이 마음대로 헛소리를 지껄이느냐?"

병풍 뒤에서 엿듣고 있던 내시 하나가 뛰어나왔다.

"내시는 썩 물러가라!"

장균도 지지 않고 소리쳤다.

내시가 황제의 귀에 대고 은밀히 속삭였다.

"저자는 자신의 친구 유비에게 상을 주기 위해 거짓말을 하고 있습니다. 속히 저자를 밖으로 끌어내라 하십시오."

황제는 누구의 말을 들어야 할지 몰라 어리둥절한 표정을 지었다.

"폐하, 내시의 말을 믿으시고 저들을 가까이 하시면 제2, 제3의 난은 계속 일어납니다. 굽어 살펴 주십시오."

"닥치지 못할까!"

내시가 버럭 소리를 질렀다.

"보기 싫소. 다들 물러가시오."

화가 치민 황제는 안으로 들어가 버렸다. 며칠 뒤 장균은 관직을 빼앗기고 먼 곳으로 쫓겨났다. 내시들이 거짓으로 장균을 모함했기 때문이다.

"아무래도 다시 조사를 해야겠어. 장균 같은 놈이 자꾸 생기면 골치 아프니까."

십상시는 한 자리에 모여 대책을 세웠다.

"그게 좋겠소. 다시는 말이 나오지 않도록 작은 벼슬 하나씩 나누어 줍시다."

내시들은 황건적 토벌에 공을 세운 장수들을 다시 조사하게 했다.

"괘씸한 놈들, 뇌물도 바치지 않고 벼슬을 공짜로 얻으려 하다니……. 두고 보아라. 반드시 벼슬을 다시 빼앗을 것이다."

내시들은 그들의 명단을 별도로 작성했다.

이런 일이 있은 뒤 유비는 정주 중산부 안희현 현위로 임명되었다. 임명장과 함께 약간의 돈이 상금으로 내려졌다. 현은 중국의 가장 작은 행정구역 단위로 소속 가옥은 수천 가구에 불과했다. 현위는 현의 치안을 맡아 다스리는 말단 관리였다.

"나 원 참, 어이가 없군. 두메산골 포졸이 되자고 1년 가까이 전쟁터를 돌아다녔나?"

투덜이 장비는 소식을 듣자마자 불같이 화를 냈다.

"비록 작은 관직이지만 아직 우리는 젊고 기회가 많네."

유비가 장비의 어깨를 두드렸다. 유비도 서운하기는 마찬가지였다. 하지만 황제가 직접 내린 명령이니 따르지 않을 수가 없었다.

"그나저나 의병들은 어떻게 할 생각입니까?"

관우가 5백 명의 의병들을 가리켰다.

"별 수 없지 않은가. 모두 고향으로 돌려보내세. 훗날 모여 다시 뜻을 도모할 날이 반드시 있을 걸세."

유비는 5백 의병을 모두 모이게 했다. 그런 뒤 조정에서 상으로 받은 돈을 몽땅 나누어 주고 사정을 설명했다. 고락을 함께했던 의병들은 눈물로 작별을 고했다. 고향에 가족이 없는 20여 명의 젊은이는 그대로 유비를 따라나섰다.

유비는 관우, 장비와 더불어 임명장을 들고 중산부 안희현으로 출발했다.

눈 내린 벌판은 한없이 쓸쓸했다.

"관우와 장비, 두 아우는 지금 상황이 매우 못마땅할 것일세. 잠시만 참고 맡은 일에 충실하기로 하세."

유비는 앞장서 말에 채찍을 가했다.

유비의 깊은 뜻을 이해한 관우와 장비는 더 이상 불평하지 않았다.

12. 쫓기는 삼형제

길은 북쪽으로 끝없이 이어졌다. 안희현은 예상대로 깊은 산골이었다. 유비는 지역 관리들과 인사를 나누고 곧장 마을 시찰에 나섰다. 크고 작은 마을 10여 개로 이루어진 안희현은 산이 깊고 도둑이 많았다.

시찰을 끝낸 유비는 며칠 뒤 현에 있는 포졸들을 모두 불러 모았다. 관우, 장비와 더불어 도적들을 토벌할 생각에서였다. 자신이 데리고 왔던 20명 부하를 합치니 그럭저럭 50명 가까운 인원이 되었다.

"자, 산으로 토끼몰이를 떠나자."

유비는 한 달에 걸쳐 현 주변에 웅거한 크고 작은 도적들을
소탕했다. 사로잡은 도적들을 달래서 돌려보내고 집집마다 들
러 백성들의 삶을 보살폈다. 관우와 장비는 포졸들을 거느리
고 수시로 마을을 순찰했다.

유비가 안희현으로 부임한 지도 넉 달이 되었다. 추운 겨울
이 지나고 하북 땅에 봄이 찾아왔다. 어느 날 조정에서 보낸
한 장의 서신이 안희현으로 날아왔다.

> 황건의 무리를 토벌할 당시 거짓으로 전공을 세운 자들이 있다
> 조정에서는 칙사를 파견하여 조정을 속이고
> 나라를 어지럽히는 자들을 색출하려 하노라

내시들이 조작하여 보낸 편지였다. 유비는 서신의 내용이
무엇을 뜻하는지 단번에 알 수 있었다. 내시들은 뇌물을 바치
지 않고 관직을 얻은 관리들을 색출하여 관직을 도로 빼앗을
생각이었던 것이다.

"드디어 올 것이 왔구나."

유비는 떠날 때가 되었음을 직감했다.

며칠 뒤 감찰 임무를 띤 칙사가 안희현에 도착했다. 조정의 명을 받아 칙사로 내려온 사람은 독우라는 직책을 가진 사람이었다. 유비는 옷을 갖춰 입고 독우를 마중 나갔다.

"세상에 이런 깡촌이 다 있나."

독우는 가뜩이나 못생긴 얼굴을 잔뜩 찌푸렸다. 깡마른 체구에 얼굴이 검게 생긴 사나이였다.

"먼 길 오시느라 고생하셨습니다."

유비가 정중하게 인사를 올렸다.

"자네가 현위인가?"

독우는 말에 탄 채 거만하게 유비를 내려다보았다.

"그렇습니다."

유비가 공손하게 대답했다.

"직접 숙소로 안내하게."

유비는 앞장서 독우를 현청으로 안내했다.

자리에 앉자 독우는 눈을 가늘게 뜨고 유비를 내려다보았다.

"알다시피 나는 황제 폐하의 명을 받아 자네를 조사하러 왔네. 묻는 말에 거짓 없이 대답하게."

죄인을 대하는 듯한 말투였다.

"숨길 것이 없으니 또한 거짓으로 대답할 말도 없습니다."

유비가 담담하게 말했다.

"그래, 자네는 무슨 공을 세웠나?"

"황건의 난 때 고향 탁현에서 의병을 일으켜 크고 작은 전투에 참가했습니다."

유비는 그간의 일을 간추려 얘기했다.

대수롭지 않게 듣던 독우가 다시 물었다.

"탁현이라면 유주 관할인데 그곳이 고향인가?"

"저는 중산정왕의 후예로 대대로 탁현에서 살았습니다."

유비는 가문의 이력을 대강 얘기했다.

"닥쳐라! 어디서 감히 중산정왕을 입에 오르내리느냐?"

독우가 별안간 자리를 박차고 일어났다. 드디어 꼬투리를 잡았다는 투였다.

"조사를 해 보시면 알 일 아니오?"

유비도 지지 않고 맞섰다.

"황제폐하께서 나로 하여금 전국 각지를 돌며 감찰하게 한 것은 너처럼 거짓말을 하는 위인을 가려내기 위해서였다. 네가 중산정왕의 후예란 것을 증명해 보아라. 그렇게 하지 못하면 조정에 사실을 고하여 관직을 박탈하고 목을 벨 것이다."

말을 마친 독우는 일행을 이끌고 숙소로 들어가 버렸다.

"저자가 첫날부터 어찌 저리 무례한가?"

유비는 땅이 꺼져라 한숨을 내쉬었다.

"천하에 괘씸한 놈이군."

관우도 분함으로 몸을 떨었다.

그날 저녁, 독우를 보좌하고 왔던 관리 하나가 은밀히 유비를 찾아왔다.

"귀공은 왜 그리 답답하시오?"

관리가 원망하듯 말했다.

"그게 무슨 말씀이오. 작정하고 온 칙사를 무슨 수로 말린단 말이오."

"다, 방법이 있소이다."

관리가 유비의 귀에 대고 몇 마디 속삭였다. 독우에게 뇌물을 바치면 조용히 돌아갈 것이라는 얘기였다. 그러면서 자신에게도 얼마간 노자를 보태 줄 것을 노골적으로 청했다.

"듣기 싫소이다. 부임 이래 나는 백성들에게 세금 한 푼 개인적으로 걷지 않았소. 무슨 돈이 있어 뇌물을 주겠소."

유비는 화를 내며 자리에서 일어났다.

"어리석구려. 방법을 알려 줘도 모른 체하다니."

관리는 혀를 끌끌 차며 숙소로 돌아갔다. 다음날 독우는 함께 온 부하들을 시켜 현리를 자신이 묵고 있는 역관으로 잡아오게 했다.

"이 고을 현위 유비라는 자가 황제의 종친임을 과시하며 백성을 돌보지 않으니 어찌 된 일인가? 지난해 황건적을 토벌했다고 하지만 그것 역시 본 사람이 없으니 필시 꾸며낸 말일 것이다. 현리는 당장 이와 같은 사실을 소상히 글로 적어 바쳐라."

독우는 현리의 글을 증거로 유비를 잡아들일 계획이었다.

"그것은 사실과 다르오. 현위 유비는 황실의 후손이 틀림없소이다. 유비는 부임한 날부터 주변 도적을 토벌하고 백성을 편안히 살펴 모두가 우러르는 인물이오."

유비의 인품이 워낙 어질었던 터라 현리는 위험을 무릅쓰고 사실대로 말했다.

"허허, 이놈 봐라. 그러고 보니 네놈도 한 패로구나."

독우는 펄쩍 뛰며 현리를 매우 치게 했다. 늙은 현리의 몸은 살이 터져 피가 낭자했다.

그 시각, 장비는 집에 틀어박혀 술을 마시고 있었다. 독우의 꼴이 보기 싫어 새벽같이 나가던 출근도 하지 않았다.

'형님은 어쩌자고 그런 놈한테 쩔쩔맨단말인가.'

장비는 분이 풀리지 않아 거푸 술을 들이켰다. 한 잔, 두 잔 마신 술로 장비는 쉽게 취했다. 장비의 얼굴은 잘 익은 홍시처럼 벌개졌다.

'더러운 꼴을 보느니 탁현으로 돌아가 돼지고기 장사를 하는 편이 더 낫겠다. 땀흘려 일하는 것만큼 값지고 보람된 삶이 어디 있단 말인가.'

장비는 문을 박차고 밖으로 나왔다. 봄 햇살이 따스했다. 장비는 마구간으로 가 말고삐를 풀고 안장에 올랐다. 장비가 꾸벅꾸벅 조는 사이 말은 장비를 등에 태우고 현청으로 향했다. 현청으로 가기 위해서는 독우가 머물고 있는 역관 앞을 지나가야 했다.

역관 앞에 이르러 장비는 번쩍 눈을 떴다. 수십 명의 백성들이 땅에 엎드려 슬피 울고 있는 게 아닌가.

'이건 또 무슨 해괴한 일인가?'

장비는 술이 확 깨는 느낌이었다.

"누가 죽기라도 한 거요? 대낮부터 웬 소란들이오."

장비가 말에서 뛰어내리며 물었다.

"독우가 현리를 잡아다가 매를 치고 강제로 현위 유비의 죄를 적게 하고 있다오."

늙은 노인이 자신이 본 것을 얘기했다.

"음, 세상에 이런 일이 있나……."

장비의 고리눈에 번쩍 불이 들어왔다. 장비는 주먹을 굳게 쥔 채 역관으로 달려들었다. 역관 문은 굳게 닫혀 있었다. 장비는 성난 범처럼 소리를 지르며 역관 문을 향해 몸을 날렸다. 문이 우지직 소리를 내며 부서졌다.

"웬 미친놈이 대낮부터 술에 취해 소란이냐?"

독우가 몸을 일으키며 소리쳤다.

"황건적만도 못한 도둑놈아!"

장비는 다짜고짜 달려들어 독우를 냉큼 들어 올렸다.

"너 같은 놈들 때문에 얼마나 많은 백성들이 죽었는지 아느냐? 너도 오늘 죽어 봐라."

장비는 들고 있던 독우를 마당으로 힘껏 내던졌다.

"무엄하다. 나는 황제의 명을 받고 왔느니라."

망신을 당한 독우는 황급히 자리에서 일어났다.

"언제부터 내시의 말이 황제의 어명으로 바뀌었더냐. 나는 불알도 없는 놈들의 명령 따윈 듣지 않는다."

장비는 독우를 질질 끌고 우물가로 갔다.

"여봐라. 아무도 없느냐? 어서 이놈을 말려라……."

"무슨 개소리냐? 입이 살아 있는 걸 보니 아직 정신을 못 차렸구나."

우물 옆에는 오래된 버드나무 하나가 서 있었다. 장비는 버드나무 가지 하나를 꺾어 독우를 사정없이 후려쳤다.

"아이구, 사람 살려……."

독우가 비명을 터뜨렸다. 옷이 찢어지고 붉은 피가 흘렀다.

"네놈이 사람이면 난 신선이겠다. 짐승만도 못한 놈이 어찌 감히 사람이라 칭하느냐?"

"제, 제발 목숨만 살려 주십시오."

독우는 체면을 내던지고 마구 울었다.

"왜, 죄 없는 현리를 때리고 우리 형님을 모함했느냐? 현위 자리 하나 준 게 그렇게 아깝더냐?"

"장군님, 한 번만 살려주십시오……."

"장군? 살고 싶으니까 별 헛소릴 다하는구나."

장비는 사정없이 회초리를 휘둘렀다. 어느새 수백 명이나 되는 백성들이 몰려들어 그 장면을 구경했다. 관직을 반납하려고 앉아 있던 유비는 깜짝 놀라 역관으로 뛰어왔다. 순찰을 마치고 돌아온 관우도 소식을 듣고 달려왔다.

"이게 무슨 짓이냐?"

유비는 크게 꾸짖으며 장비를 만류했다.

"형님, 말리지 마시오. 나는 지금 짐승을 족치고 있는 중이오. 나라에 공을 세우고도 낙양에서 거지 취급을 받지 받았소? 그것도 모자라 저런 놈에게까지 모욕을 당하니 분해서 참을 수가 없소."

장비가 침을 튀기며 몸을 부르르 떨었다.

"아이고……."

유비를 발견한 독우가 겨우 입을 열었다.

"속히 나를 구해 주시오. 나를 풀어 주면 아우의 죄를 묻지 않는 것은 물론이고 황제 폐하께 유비 공을 천거하여 태수 벼슬을 하사하리라."

그 소리를 듣자 유비와 관우는 다같이 속이 뒤틀렸다.

"형님, 저런 벌레만도 못한 인간을 살려 주면 두고두고 백성들에게 해가 될 겁니다. 이 자리에서 목을 베어 버립시다."

매사에 침착하던 관우도 오늘은 장비의 편을 들고 나섰다.

"근본을 바꾸지 않고 애벌레 한 마리를 죽여 무엇 하겠나."

유비는 사람을 시켜 독우를 끌어내리게 했다. 땅에 엎드린 독우는 몸을 사시나무처럼 떨었다. 유비는 품속에서 현위 도장을 꺼내 독우에게 내던졌다.

"너는 백성을 해치고 뇌물을 긁어모으는 천하의 탐관오리다. 당장 목을 베어 조정에 알리는 게 마땅하나 너그럽게 살려둔다. 이번 일을 계기로 다시는 못된 짓을 하지 마라."

유비는 관우, 장비와 함께 역관을 빠져나갔다. 긴장이 풀린 독우는 그대로 기절했다. 간단히 짐을 꾸린 유비는 밤을 기다려 말에 올랐다. 고향에서 자신을 따라나섰던 20명 가까운 부하들은 이번에도 유비를 따라나섰다.

기절했던 독우는 이틀 후에 겨우 정신을 차렸다.

"유비 일행은 어찌 되었느냐?"

낙양에서 함께 따라왔던 관리가 대답했다.

"관직을 버리고 사라졌습니다."

"이런 죽일 놈들이 있나. 당장 정주 태수에게 전령을 보내라. 유비가 백성들의 재물을 갈취하고 강제로 세금을 걷다가 칙사에게 적발되어 일족을 거느리고 도망을 쳤다고 말이다."

독우는 이를 갈았다.

"분부대로 하겠습니다."

전령은 정주 태수에게 달려가 독우의 서신을 전했다. 서신을 받아 본 태수는 자세한 내막도 알아보지 않고 즉시 관내 군사를 소집했다.

"안희현 현위 유비가 죄를 짓고 도망갔다. 당장 잡아와라!"

태수의 명을 받은 수백 명의 기병들이 안희현 주변으로 떠났다. 그때 유비는 이미 정주의 경계를 넘어서고 있었다. 유비 일행은 피로한 몸을 이끌고 북쪽을 향해 급히 말을 달렸다.

"이제 어디로 간단 말인가."

말 위에서 유비는 몇 번이나 고민했다.

고향 탁현과 어머니의 얼굴이 가물가물 떠올랐다. 죄를 짓고 고향으로 돌아갈 수는 없는 노릇이었다. 가는 곳마다 유비 삼형제를 잡으라는 방이 붙어 있었다. 유비 일행은 말을 버리고 산길로 들어갔다.

며칠 뒤 유비는 일행을 이끌고 대주에 당도했다. 대주는 태수 유회가 다스리는 지역이었다. 유회는 유비와 같은 황실 종친이었으며 유비 집안과도 대대로 친분이 있었다.

"억울한 일을 당하여 이렇게 몸을 숨기러 왔습니다."

유비는 유회에게 그간의 일을 사실대로 말했다.

"걱정 말고 누명이 풀릴 때까지 편히 쉬구려."

유회는 쫓기는 유비 일행을 반갑게 맞아주었다.

그날 저녁, 유비는 관우, 장비를 불러 술잔을 기울이며 위로

했다.

"이제 겨우 한숨을 돌릴 수 있게 되었군. 천하의 호걸 관우, 장비가 못난 형을 만나 고생만 하는구나……"

유비는 관우와 장비의 잔에 술을 콸콸 따랐다.

"천만의 말씀입니다, 형님."

세 형제는 손을 마주 잡고 다시 한번 도원의 맹세를 되새겼다.

13. 혼란의 연속

황건적이 평정되자 나라는 예전처럼 평온을 되찾았다.

나라가 편안해지자 누구보다 기뻐한 이들은 십상시로 불리는 열 명의 내시였다. 내시들은 드디어 자신들의 세상이 왔다고 생각했다. 십상시의 횡포 앞에 늙은 황제는 장님이나 마찬가지였다. 십상시는 황제 주변에 붙어서 황제의 눈과 귀를 막고 자신들 마음대로 조종했다.

황제는 궁궐 밖에서 무슨 일이 벌어지는지 알지 못했다. 어진 신하들은 십상시들에 의해 하나 둘 조정을 떠났다. 십상시들은 백성들이 편안하게 살고 있다고 연일 거짓 보고를 올렸다. 십상시의 말만 듣고 황제는 매일 잔치를 벌이고 술을 마셨다.

어느 날 십상시 가운데 하나인 장양이 조충을 찾아왔다.

"이제 우리 세상이 되었습니다."

조충이 고개를 저었다.

"하지만 한 가지 마음에 걸리는 게 있소이다."

"그게 무엇이오?"

장양은 깜짝 놀란 표정을 지었다.

"황건적을 토벌했던 늙은 장군들이 아직 버티고 있지 않습니까? 그들은 밑에 많은 군사를 거느리고 있습니다. 결코 안심할 수 없는 상황이지요."

"듣고 보니 그렇군요."

장양은 고개를 끄덕이며 생각에 잠겼다.

황건적이 토벌된 이후 내시들은 황제를 선동하여 전국에 순찰관을 파견했다. 거짓으로 공을 세운 사람들을 잡아들이기 위해서였다. 하지만 순찰관을 파견한 내시들의 속셈은 다른 곳에 있었다. 그들을 이용하여 뇌물을 걸려고 했던 것이다. 파견된 순찰관들은 가는 곳마다 뇌물을 요구했다. 뇌물을 주지 않는 관리들은 죄를 모함하여 거짓 상소를 올렸다. 안희현 현위였던 유비가 독우를 만나 화를 당한 것도 이 무렵이었다. 공을 세운 많은 장수들이 이때 대부분 관직을 빼앗겼다.

"조무래기들은 처리가 되었지만 문제는 공을 크게 세운 장수들입니다."

주준과 황보숭처럼 나라에 큰 공을 세운 장수들은 아직 그대로 관직을 유지하고 있었다. 세력이 워낙 커서 내시들도 함부로 할 수 없었던 것이다.

"제게 좋은 생각이 있습니다."

조충은 목소리를 작게 낮췄다.

"그게 무엇입니까?"

"황제에게 거짓 보고를 올려 그들의 관직을 빼앗는 것입니다."

다음날 장양과 조충은 나란히 황제를 찾아갔다.

"폐하, 거기장군 황보숭은 부하들의 공을 가로챈 파렴치한입니다. 요즘 들어 정사는 돌보지 않고 매일 술로 세월을 보내니 백성들의 원망이 하늘을 찌른다 합니다. 즉시 명을 내려 옥에 가두시는 게 옳을 듯합니다."

이번에는 조충이 말을 이었다.

"주준은 황제 폐하의 은혜를 잊고 백성들을 동원하여 난을 일으키려 합니다. 속히 사람을 보내 사실을 파악하고 벼슬을 빼앗는 게 좋을 듯합니다."

말을 들은 영제는 크게 놀랐다.

"아니, 그게 사실이오?"

"그렇습니다. 빨리 손을 쓰지 않으면 큰 화가 미칠 것입니다."

판단력이 흐려진 영제는 내시의 말을 사실로 믿었다.

"그렇다면 속히 두 사람을 내쫓아라."

황제가 화를 내자 내시들은 신이 났다. 모든 일이 자신들 계획대로 진행됐기 때문이다. 황제의 어명을 받은 칙사가 주준과 황보숭을 찾아갔다. 주준과 황보숭은 즉시 벼슬에서 쫓겨났다.

영제는 황보숭에게 빼앗은 거기장군 관직을 내시 조충에게 주었다. 한 술 더 떠 십상시 전체를 열후에 봉했다. 열후는 나라에 커다란 공을 세운 원로대신에게나 내리는 벼슬이었다.

"아, 나라가 못된 내시들에 의해 놀아나는구나."

소식을 들은 신하들은 크게 탄식했다.

"나라가 망할 징조야."

백성들은 삼삼오오 모여 수군거렸다.

불안은 현실로 드러났다. 곳곳에서 크고 작은 반란이 일어난 것이었다. 도적들은 아무데나 불을 지르고 백성들을 닥치는 대로 죽였다. 부패한 관군은 도적을 보면 도망치기 바빴다. 황건적이 평정된 지 몇 년 안 돼 전국은 또다시 도적의 말발굽 아래 짓밟혔다.

장사 땅에서는 구성이라는 사람이 반란을 일으켰다. 어양 땅에서는 장순, 장거 형제가 반란을 일으켰다. 특히 장거, 장순 형제의 세력이 강했다. 장거, 장순 형제는 잘 먹고 잘 살게 해 주겠다는 말로 백성들을 꼬드겼다.

"모두 장순, 장거 형제를 따르자!"

"새로운 나라를 건설하자!"

굶주린 백성들이 수만 명이나 장거, 장순 형제 밑으로 모여들었다. 장거는 스스로를 황제라 칭하고 자신의 동생 장순을 대장군에 임명했다. 장순과 장거는 어양 일대를 모조리 빼앗고 황제가 있는 낙양을 향해 진격했다.

"큰일났습니다. 어양을 빼앗겼습니다."

어양 태수가 보낸 전령이 궁궐로 뛰어 들어와 보고했다.

"도적들이 이웃 고을을 침범했습니다."

며칠 뒤 피투성이가 된 또 다른 전령이 도착했다.

그러나 황제는 전령들을 만나지 못했다.

"곡식이 잘 익어 백성들이 춤을 추고 있습니다."

"나라는 아무 일 없이 편안합니다."

내시들은 황제에게 연일 거짓 보고를 올렸다. 보다 못한 신하 하나가 황제를 찾아왔다. 그는 간의대부 벼슬에 있던 유도였다. 유도는 어질고 현명한 신하였다.

"무슨 일로 짐을 찾아왔는가?"

후원에서 잔치를 벌이던 황제는 흐릿한 눈으로 유도를 쳐다보았다.

"폐하……."

황제를 보자 유도는 눈물을 글썽였다.

"오늘같이 좋은 날 어찌 하여 눈물을 보이느냐?"

"곳곳에 반란이 일어나고 백성들의 원성이 하늘에 닿았습니다. 옆에 있는 간신들을 물리쳐 주시고 속히 나라를 돌보소서."

"반란이라니?"

황제는 의아한 얼굴로 유도를 쳐다보았다. 반란이 일어났다는 말은 처음 듣는 얘기였다.

"폐하, 듣지 마소서. 저자의 말은 모두 거짓이옵니다."

옆에 있던 내시 하나가 재빨리 앞으로 나섰다.

황제가 물었다.

"천하가 태평세월인데 도대체 어디에 도적이 생겼단 말인고?"

"한두 군데가 아니옵니다. 위험을 알리는 전령이 연일 지방에서 올라오고 있습니다. 십상시들이 중간에서 폐하의 눈과 귀를 막고 있사옵니다."

십상시 조충이 황제의 귀에 대고 속삭였다.

"폐하, 어서 저자를 밖으로 내치시지요. 저자는 잔치에 자신을 부르지 않자 시기하는 마음이 들어 거짓말을 하고 있는 게 분명합니다."

"흠……."

황제는 고개를 갸웃거렸다. 듣고 보니 내시의 말이 맞는 것 같았다. 황제는 사람을 시켜 유도를 끌어내게 했다.

"내가 죽는 건 두렵지 않다만 십상시로 인해 4백년 한나라가 망하는구나. 장차 이 일을 어찌하면 좋단 말이냐……."

유도는 밖으로 끌려나가며 큰 소리로 울부짖었다.

내시들은 은밀히 모여 회의를 열었다.

"도적들이 낙양으로 쳐들어오면 큰 낭패가 아닙니까? 뭔가 대책을 세워야 할 것 같소."

내시 단규가 걱정스런 얼굴로 물었다.

"내게 좋은 생각이 있소."

삐삐 마른 건석이 눈알을 반짝이며 말했다. 내시들이 일제히 건석을 쳐다보았다.

"강동의 호랑이 손견을 다들 기억하실 것이오. 손견은 혼자 성벽을 기어올라 황건적을 토벌한 용맹한 장수요. 손견을 장사 태수로 임명하여 구성을 막게 합시다. 이번에도 틀림없이 목을 베어 올 것이오."

조충이 반대하고 나섰다.

"손견의 힘이 너무 커질까 걱정이오. 강동의 호랑이가 아니라 천하를 삼키는 호랑이가 될지도 모르는 일이잖소?"

건석이 대답했다.

"그건 걱정할 것 없소이다. 일단 공을 세우게 한 뒤에 뇌물을 바치게 하고 말을 듣지 않으면 관직을 빼앗아 버리면 그만 아니오."

"좋은 생각이오. 당장 손견에게 칙서를 내려보냅시다."

모두들 고개를 끄덕였다.

"그렇다면 어양은 어찌하겠소?"

"어양도 문제될 것 없소."

조충의 물음에 건석이 자신 있게 대답했다.

"유우를 유주 태수로 삼아 반란을 막게 하면 될 것이오."

일은 일사천리로 진행되었다.

내시들은 황제를 찾아가 지방에 작은 도적떼가 발생했다고 보고했다. 황제는 대수롭지 않게 생각하며 내시들이 내놓은 의견에 찬성했다. 다음 날, 손견과 유우에게 반란을 진압하라는 황제의 명령이 내려졌다.

장사 태수로 임명된 손견은 황개, 한당, 정보, 조무를 이끌고 즉시 길을 떠났다. 네 명의 장수는 10년 가까이 손견을 따르는 천하의 명장들이었다. 손견은 병사들을 잘 훈련시킨 다음 구성이 점령한 성을 하나씩 함락시켰다. 황개, 한당, 정보, 조무는 싸움마다 맨 앞에 서서 적을 무찔렀다. 네 장수의 용맹 앞에 적장들은 모두 목을 내놓았다. 싸움을 시작한 지 채 두 달이 안 돼 반란을 일으켰던 구성의 목을 벨 수 있었다.

손견이 공을 세우는 동안 어양으로 내려간 유우는 패전을 거듭했다. 반란군은 의외로 힘이 강했다. 그 숫자만도 10만을 헤아려 관군은 상대가 되지 못했다. 장순, 장거의 반란군은 어양 대부분을 집어삼키고 이웃한 기주와 청주로 세력을 뻗치는 중이었다.

힘이 부치자 유우는 대주 태수 유희에게 구원병을 요청했다. 대주는 유주와 이웃한 고을이었고 독우를 매질하고 쫓기던 유비 삼형제가 숨어 있는 곳이기도 했다. 급보를 받은 태수 유희는 유비 삼형제를 불러들였다.

"독우가 뇌물을 요구하긴 했지만 그는 엄연히 조정이 내려보낸 사람이오. 그를 매질한 죄는 죽어 마땅한 것이나 공을 세우면 황제도 그 일을 용서해 주실 것이오. 대주의 군사 3천 명을 내줄 테니 곧장 달려가 반란의 무리를 평정하고 유주를 구하시오."

유희가 급보를 내밀었다.

"반드시 공을 세우겠습니다."

유비가 주먹을 쥐며 대답했다. 죄를 모면할 수 있는 좋은 기회였다.

"지금 당장 떠나게 해 주십시오."

몸이 근질근질하던 장비는 누구보다 기뻐했다.

다음날, 유비 삼형제는 3천 군사를 이끌고 나는 듯이 유주로 달려갔다. 반란군에게 포위된 유우는 계성에 갇혀 있었다. 장순, 장거는 성을 포위하고 맹공을 퍼붓는 중이었다.

"이놈들, 멈추어라!"

장비가 호통을 치며 반란군의 중앙을 뚫었다.

"장순, 장거는 나와서 칼을 받아라!"

관우도 합세했다.

"여기 유비도 있다."

유비는 멀리서 활을 꺼내 반란군을 겨누었다. 화살은 성문 앞에 서 있던 반란군 괴수, 장거의 목을 일시에 꿰뚫었다.

"와! 구원병이 왔다!"

성 위에 있던 관군들이 함성을 질렀다. 반란군은 크게 당황하여 뿔뿔이 흩어졌다. 아우를 잃은 장순은 무리를 수습하여 50리 밖 깊은 산 속으로 도망쳤다.

"그대들이 아니면 큰일 날 뻔했소이다."

싸움에 이긴 유우는 유비 삼형제에게 감사를 표시했다.

다음날 유비 삼형제는 유우와 더불어 장순을 공격했다. 장순은 산 속에 틀어박혀 꼼짝도 하지 않았다.

"시간을 지체하게 돼서 큰일이군."

유우는 한 가지 꾀를 내어 곳곳에 방을 부치게 했다.

괴수, 장순의 목을 베어 오는 자에게는 큰 상을 내리고
항복하는 자는 모든 죄를 용서하겠다

방은 즉시 효과를 나타냈다. 싸움에 가망이 없다고 판단한 장순의 부하 왕정이 장순의 목을 베어 항복했던 것이다. 대장이 죽자 반란군은 대부분 항복했다. 유우는 약속대로 항복한 반란군을 모두 집으로 돌려보냈다. 이로써 장순, 장거의 반란은 완전히 평정되었다.

유우는 조정에 글을 올려 유비 삼형제의 활약상을 알렸다. 유비 삼형제의 공이 워낙 컸던 터라 조정은 독우를 매질한 죄를 용서해 주었다. 조정은 유비를 별무사마로 삼고 평원현령에 임명했다.

평원현은 안희현과는 전혀 다른 곳이었다. 백성도 많고 땅도 기름졌다. 유비는 백성들을 편안하게 다스리는 한편, 군사를 모으고 말을 키웠다. 관우와 장비도 유비를 도와 병법 책을 읽고 군사를 훈련시키며 조용히 때를 기다렸다.

14. 십상시의 난리

내시들과 더불어 술로 세월을 보내던 영제가 병에 걸렸다. 189년, 즉 중평 6년 봄의 일이었다. 영제가 병에 걸리자 간사한 내시들이 영제의 귀에 대고 속삭였다.

"폐하, 은혜를 모르는 무리들이 도처에서 권력을 넘보고 있습니다. 속히 황태자를 정하셔서 훗날에 대비하십시오."

내시들은 어린 협을 황제로 추대하여 자신들 마음대로 조종할 생각이었다. 협은 왕미인이 낳은 아들로 나이가 어렸다.

"그래, 누구를 황태자로 봉하는 게 좋겠는가?"

"협을 황태자로 봉하는 게 좋을 듯합니다."

내시들은 이구동성으로 대답했다.

"나도, 그렇게 생각하고 있었네."

영제는 고개를 끄덕였다. 자신의 어머니인 동태후가 누구보다 협을 귀여워했기 때문이다. 영제에게는 협 이외에도 변이라는 아들이 있었다. 변은 하태후가 낳은 아들이었다. 하태후는 본래 후궁 출신이었다. 얼굴이 뛰어나게 예뻐서 궁궐에 든 지 며칠 만에 황후로 봉해졌다. 그러나 영제의 사랑은 오래 가지 못했다. 왕미인라는 후궁이 나타나 영제의 사랑을 독차지해버린 것이었다. 질투를 느낀 하태후는 독약을 써서 비밀리에 왕미인을 죽였다. 왕미인이 죽자 어린 아들 협은 영제의 어머니인 동태후에게 맡겨졌다.

내시 건석이 영제의 귀에 대고 속삭였다.

"폐하, 협을 황태자로 봉하면 변을 낳은 하태후가 가만히 있지 않을 것입니다. 이 기회에 하태후와 대장군 하진을 죽여 후환을 없애십시오."

"흠……."

영제가 핏기 없는 얼굴로 겨우 고개를 끄덕였다.

하태후는 원래 가축을 잡아 팔던 백정의 딸이었다. 아버지 뒤를 이어 소와 돼지를 잡던 하진은 누이가 출세하자 갑자기 장군으로 임명되었다. 대장군 지위에 있는 하진은 많은 병력을 거느리고 있었다. 협을 황태자로 앉히기 위해서는 반드시 하진과 하태후를 죽어야만 했다.

"하진을 들라 하라."

영제가 가느다란 목소리로 어명을 내렸다. 궁궐로 하진을 불러들인 다음, 사람을 시켜 죽일 생각이었다.

"황제가 위독한 게로군."

하진은 가마를 대령해 황궁으로 향했다.

"대장군, 잠깐 기다리시오."

하진이 막 궁궐로 들어가려 할 때였다. 심복인 반은이 급히 달려와 가마를 막아섰다. 반은은 하진이 비밀리에 궁궐에 심어놓은 첩자였다.

"무슨 일인가?"

하진이 뜨악한 표정으로 물었다.

"아무래도 분위기가 이상합니다. 내시 건석이 무장한 병력을 궁궐 곳곳에 숨겨 두는 걸 목격했습니다."

"뭐, 뭐라고?"

집으로 돌아온 하진은 즉시 안면 있는 문무백관들을 불러들였다.

"십상시들이 하늘 무서운 줄 모르고 설치고 있으니 큰일이오. 이번 기회에 그들을 모조리 베어 버릴 생각인데 여러분의 의견은 어떠시오?"

하진은 분이 풀리지 않는 듯 거칠게 숨을 내쉬었다. 워낙 중요한 문제라 모두 꿀 먹은 벙어리처럼 말이 없었다.

"한 말씀 올리겠습니다."

구석자리에 앉아 있던 젊은 장수가 벌떡 몸을 일으켰다. 희고 갸름한 얼굴에 염소수염이 자라고 있었다. 그는 낙양성 경비를 맡고 있는 전군교위 조조였다.

"십상시는 반드시 죽여 없애야 합니다. 하지만 저들의 세력은 조정 곳곳에 뿌리박혀 있습니다. 비밀리에 일을 진행시켜 신속하게 처리하지 못하면 도리어 큰 화를 당할 것입니다. 깊이 생각하십시오."

"화가 두려워 망설인단 말이냐?"

하진이 미간을 잔뜩 찌푸렸다.

"황제가 돌아가셨습니다."

그때 심복 반은이 뛰어들어와 보고했다.

"그게 정말이냐?"

하진이 두 눈을 번쩍 떴다.

"사실입니다. 황제가 돌아가시자 십상시들이 황태자 협을 황제로 추대할 준비를 하고 있습니다."

조조가 앞으로 나섰다.

"먼저 새로운 황제를 옹립하고 난 뒤에 내시들을 처단하는 게 순서일 것 같습니다. 그 다음 돌아가신 황제의 장례를 치르십시오."

하진이 고개를 끄덕였다.

"조조의 말이 옳군. 그렇다면 누가 나를 도와 내시들을 처단할 것인가?"

"제가 대장군을 모시겠습니다."

하진의 말이 채 끝나기도 전에 우렁찬 목소리가 들렸다.

"제게 군사 5천만 주십시오. 궁궐로 들어가 황태자를 옹립하고 간사한 내시들을 단칼에 쳐 없애겠습니다."

모두들 그쪽을 쳐다보았다. 위풍당당한 젊은이가 눈을 부라리며 서 있었다. 황건적이 일어났을 때 주준을 도와 황건적을 무찌른 공으로 중군교위에서 사예교위로 승진한 원소였다.

하진은 크게 기뻐했다.

"음, 훌륭하다. 나와 함께 내시들을 처단하자."

원소는 군사 5천을 이끌고 황궁을 겹겹이 포위했다. 대장군 하진은 자신의 누이 하태후가 낳은 아들 변을 황제로 추대했다. 풍악이 울리고 새 황제 즉위식이 열렸다. 한나라 13대 황제 소제가 등극한 것이다.

"황제 폐하, 만세!"

대신들은 만세를 부르며 황제의 즉위를 축하했다.

"자, 이제 때가 되었다. 나라를 어지럽힌 내시들을 모두 처단하자."

즉위식이 끝나자 원소가 칼을 빼들고 소리쳤다. 군사들은 궁궐로 통하는 모든 문을 막고 내시들을 수색했다. 그러나 내시들은 꾀가 많은 자들이었다. 목숨에 위협을 느끼자 궁궐 깊숙한 곳에 숨어 대책을 논의했다. 간사하기로 이름난 내시 장양이 말했다.

"애당초, 하진을 죽이자고 황제에게 건의한 사람은 건석입니다. 건석을 죽여 목을 들고 가면 하진도 우리를 쉽게 죽이지 못할 것이오."

조충도 나섰다.

"원소의 군사들이 궁궐을 포위하여 도망갈 길이 사라졌소.

저들이 감히 황궁으로 군사를 몰고 올 것이라고는 생각도 하지 못한 일이오. 일단 위기를 모면한 이후에 하진을 죽이도록 합시다."

모두들 고개를 끄덕이며 찬성했다.

"내가 건석의 목을 베어 오리다."

내시 곽승이 칼을 들고 밖으로 나갔다. 곽승은 건석을 찾아 후원으로 들어갔다. 건석은 개나리 울타리 사이에 몸을 숨긴 채 벌벌 떨고 있었다. 곽승은 칼로 건석의 목을 힘껏 내리쳤다. 개나리 꽃대 사이로 붉은 피가 번졌다.

"건석의 목을 베어 왔으니 나머지 사람들의 목숨을 살려주십시오. 목숨을 살려 주시면 새로운 황제를 위해 충성을 다 바치겠습니다."

곽승은 건석의 목을 들고 하진을 찾아가 애원했다.

"흠……."

곽승이 흐느끼자 하진의 마음은 심하게 흔들렸다.

지켜보던 원소가 엎드려 소리쳤다.

"장군은 어찌 하여 망설이십니까? 지금 내시를 모조리 죽여 없애지 않으면 큰 후환이 남을 것입니다."

곽승이 하진에게 목숨을 빌고 있는 사이, 나머지 내시들은 우르르 하태후에게 몰려갔다.

"태후 마마, 대장군 하진이 사람을 풀어 저희들을 모조리 죽이려 하고 있습니다. 애초에 하진 장군을 죽이려 했던 인물은 건석 하나뿐입니다. 지난날의 인연을 생각해서라도 저희 목숨을 보전하여 주십시오."

하태후가 태후가 될 수 있었던 것은 십상시 때문이었다.

"내 어찌 자네들의 은공을 모르겠는가. 이번 기회에 서로 오해를 풀고 나라를 위해 일해 보시오."

하태후는 내시들이 눈물로 애원하자 측은한 생각이 들었다. 하태후는 내시들을 돌려보낸 뒤 하진을 불렀다.

"우리가 지금처럼 부귀영화를 누리게 된 것도 다 십상시 때문입니다. 건석도 죽었으니 오라버니는 이제 그만 노여움을 푸시지요."

하진은 귀가 얇은 사람이었다. 하태후의 말을 듣고 보니 그 말이 옳았다. 하진은 원소를 불러 군사를 거두라고 지시했다.

궁궐에는 일시 평화가 찾아온 듯했다. 목숨을 건진 내시들은 이를 갈며 복수할 기회만 엿보았다. 마침내 내시들은 한 가지 꾀를 생각해 냈다. 동태후를 찾아가는 일이었다. 동태후는 죽은 영제의 어머니로 아직 막강한 권력을 지니고 있었다. 동태후를 선동하여 하태후와 싸움을 붙일 생각이었다.

장양이 은밀히 동태후를 찾아가 말했다.

"이대로 가다간 하진과 하태후 일당에게 나라를 송두리째 빼앗기고 말 것입니다."

동태후는 그렇지 않아도 하태후를 미워하던 참이었다. 자신이 애지중지 키운 왕미인의 아들 협을 몰아내고 하태후 일당이 변을 황제로 앉혔기 때문이다.

동태우가 무거운 음성으로 물었다.

"그래, 무슨 좋은 방법이 있으시오?"

장양이 머리를 조아리며 대답했다.

"황제의 나이가 아직 어리니 태후께서 직접 나라의 일을 챙기십시오. 그런 다음, 하진 일당을 견제할 수 있는 조치를 취해야 합니다."

"그거, 좋은 생각이군요."

동태후는 어전으로 나아가 황제를 돌보기 시작했다. 왕미인의 아들 협을 진류왕에 봉하고, 하진이 가지고 있던 병권의 일부를 도로 빼앗았다. 화가 치민 하태후가 동태후를 찾아가 따졌다.

"황제가 계신데 여자들이 나라 일에 나서는 건 좋지 않습니다. 나라 일은 대신들에게 맡기시고 마마께서는 뒤로 물러나 주세요."

하태후가 눈을 부릅뜨고 따지자 동태후는 화가 머리끝까지 치밀었다.

"너는 일전에 권력을 탐해 왕미인을 독살하지 않았더냐. 대장군 하진의 권세만 믿고 네 아들을 황제로 만든 년이 무슨 할 말이 있다고 나를 찾아왔느냐?"

하태후도 지지 않고 대들었다.

"나라를 위해 좋은 말로 충고를 드렸는데 어째서 화를 내시옵니까?"

"뭣이라고? 소돼지나 잡던 백정의 자식들이 어디서 함부로 주둥아릴 놀리느냐? 당장 물러가거라!"

하태후는 무안을 당하며 쫓겨났다.

"동태후를 그대로 두었다가는 나라에 큰 일이 생길 것입니다."

하태후는 하진을 불러 낮에 있었던 일들을 자세히 들려주었다.

"걱정 마십시오, 황후 마마."

하진은 자객을 보내 동태후를 독살하고 말았다. 동태후가 죽자 가장 겁을 집어먹은 무리는 내시였다. 머리가 좋은 내시들은 또다시 한 가지 꾀를 생각해 냈다.

"백정의 아들 하진이 동태후를 죽였다!"

"하진과 하태후가 새로운 나라를 세우려고 반란을 준비 중이다!"

내시들은 사람을 시켜 소문을 퍼뜨렸다.

소문은 원소의 귀에까지 들어갔다.

"장군, 큰일났습니다."

"웬, 호들갑인가?"

하진은 얼굴을 찡그리며 원소를 돌아보았다.

"장군이 동태후를 죽였다는 소문이 전국에 파다합니다. 백성들은 장군이 반란을 일으키지 않을까 걱정하고 있습니다."

"그게, 말이나 될 소린가?"

하진이 버럭 화를 냈다.

"내 누이가 낳은 아들이 황제의 자리에 앉아 있는데 내가 무엇이 부족해 반란을 일으킨단 말인가? 도대체 누가 그런 요사스런 소문을 흘리고 다닌단 말인가?"

"장양과 단규 등 십상시 무리들입니다. 지금이라도 늦지 않았으니 십상시 무리를 아주 뿌리 뽑아 버리시지요."

하진은 크게 한숨을 내쉬었다.

"동태후를 죽인 마당에 십상시까지 처단할 순 없지 않은가?"

"제게 좋은 생각이 있습니다. 소문에 듣자하니 서량 태수로 있는 동탁이 20만이나 되는 군사를 기르고 있다 합니다. 동탁은 그 사람됨이 거만하기 짝이 없고 황건적을 토벌할 때 아무런 공도 세우지 못한 장수입니다. 생긴 게 음흉하여 언젠가는 반란을 일으킬 인물이라고 다들 걱정하고 있습니다. 이번 기회에 동탁을 시켜 내시들을 처단하고 아울러 동탁까지 죽여 없애 버리시지요. 이거야말로 일거양득이 아니고 무엇이겠습니까?"

"물고기를 바다에 놓아 주는 격이니 위험하지 않을까?"

원소가 고개를 좌우로 흔들었다.

"공을 세우게 한 뒤에 사람을 시켜 쥐도 새도 모르게 목을 베어 버리면 될 것입니다."

"그거 좋은 생각이군."

하진은 손뼉을 치며 기뻐했다.

"그것은 절대 안 될 일이오."

소식을 전해들은 조조가 하진을 찾아왔다.

"자네는 어째서 내가 하는 일마다 사사건건 반대하는가?"

하진이 못마땅한 얼굴로 조조를 쳐다보았다.

"고작 내시를 죽이는 일에 어째서 동탁을 끌어들입니까? 동탁이 거느린 20만 정병이 보이지 않으십니까? 차라리 제게 이번 일을 맡겨주십시오. 정병 1천 명만 주신다면 내시들을 모두 죽여 후한을 막겠습니다."

"동탁을 끌어들이는 것은 다 깊은 뜻이 있기 때문일세."

"그래도 동탁을 만만하게 보아서는 안 됩니다."

조조가 거듭 청하자 하진은 불쾌해졌다.

"조조는 대장군 하진을 허수아비로 보는가? 동탁에게 20만 병력이 있다면 내게도 그만한 병력이 있네. 도대체 무엇을 두려워하는가. 당장 물러가라!"

실망한 조조는 두 번 다시 하진에게 의견을 말하지 않았다.

15. 대장군 하진의 죽음

하진은 즉시 동탁에게 칙령을 내렸다. 군사를 이끌고 낙양으로 올라와 내시를 처단하라는 내용이었다. 전령은 말을 타고 멀고 먼 서량으로 떠났다.

"음, 드디어 이 동탁에게 때가 왔구나……"

편지를 읽은 동탁은 회심의 미소를 지었다.

"무슨 일입니까?"

이유가 달려와 물었다. 이유는 동탁의 사위로 작전을 짜는 모사 역할을 담당하고 있었다. 머리가 총명하고 계략이 뛰어나 동탁이 가장 아끼는 부하였다.

"이걸 보게."

동탁은 대장군 하진이 보낸 칙서를 건네주었다.

"영제가 죽고 나이 어린 소제가 황제가 되었군요. 대장군 하진과 십상시들이 서로 권력을 차지하기 위해 암투를 벌이고 있으니 이는 하늘이 장군에게 내리신 좋은 기회입니다. 즉시 군사를 일으켜 낙양으로 진군하십시오."

모사 이유가 눈을 가늘게 뜨고 동탁에게 건의했다.

황건적이 난을 일으켰을 때 동탁은 노식을 대신해 중랑장에 임명되었다. 그러나 황건적은 강족과 달랐다. 동탁은 싸우는 대로 패전을 거듭했다. 황건적에게 쫓기다가 유비, 관우, 장비를 만나 목숨을 구한 것도 그 무렵이었다.

동탁이 싸움에 계속 지자 조정은 동탁의 관직을 빼앗았다. 동탁은 내시들에게 재빨리 뇌물을 보냈다. 내시들은 동탁을 다시 서량 태수로 임명했다. 서량에 도착한 동탁은 20만이나 되는 군사를 뽑아 훈련시키며 은밀히 때를 기다리고 있었던 것이다.

동탁이 출동 명령을 내리자 조용하던 서량은 한바탕 소동에 휩싸였다. 동탁의 명령을 받은 부하 장수들이 속속 모여들었다. 이각, 곽사, 장제, 번조 등 하나같이 잔인하고 무예가 뛰어난 장수들이었다.

"낙양을 향해 진군하라! 조정을 어지럽히는 간신들을 처단하자!"

동탁이 칼을 빼들고 소리쳤다.

"동탁 대장군 만세!"

"내시들을 처단하자!"

부하들은 만세를 부르며 앞 다투어 낙양으로 길을 떠났다.

"큰일났다. 동탁이 오고 있다."

동탁이 20만이나 되는 군사를 거느리고 올라오자 낙양은 벌집을 쑤셔놓은 것처럼 시끄러웠다. 겁을 집어먹고 짐을 꾸려 미리 도망가는 사람들도 생겨났다. 동탁은 군사를 낙양 인근에 주둔시키며 조정의 동태를 살폈다. 대장군 하진은 사람을 보내 동탁을 궁궐로 들게 했다. 하지만 영리한 동탁은 그 말을 무시해 버렸다.

"내시를 처단하고 나면 하진은 틀림없이 장군을 죽일 것입니다. 섣불리 움직이지 마십시오."

동탁의 모사 이유는 하진의 계획을 이미 꿰뚫고 있었다.

"동탁은 어찌하여 대장군 하진의 명령을 듣지 않는가?"

화가 치민 하진은 또 다시 사람을 보내 동탁을 들어오게 했다.

"먼 길을 오느라 말과 병사가 모두 지쳐 있으니 잠시 쉬었다가 들어가겠소."

동탁은 하진이 보낸 사자에게 거만하게 대답했다. 전령은 하진에게 돌아와 동탁의 말을 그대로 전했다. 깜짝 놀란 하진은 대신들을 불러들여 대책 회의를 열었다.

시어사 벼슬을 하고 있는 정태가 말했다.

"많은 사람들이 동탁을 승냥이라 부르고 있습니다. 그를 이대로 놓아두면 반드시 큰 화를 당할 것입니다."

곁에 있던 노식도 거들었다.

"동탁은 겉과 속이 다른 인물이오. 황제의 어명으로 동탁을 불러들인 후 속히 목을 치시오."

노식은 황건적의 난 때 모함을 받았다가 누명을 벗고 다시 중랑장이 되어 있었다.

"아직 동탁이 이렇다 할 반란을 일으킨 것도 아니니 더 두고 봅시다."

하진이 착잡한 얼굴로 대답했다.

이런 소식은 궁궐에 있는 십상시들에게도 전해졌다.

"큰일 났다. 우리 모두 죽게 생겼구나."

위기를 느낀 십상시들은 비상 회의를 소집했다.

"동탁은 이리처럼 사납고 난폭한 자라고 들었소. 이대로 있다가는 우리 모두 죽고 말 것이오. 모든 일은 대장군 하진이 꾸민 일이니 일단 하진을 죽여 없앱시다."

"옳은 말이오. 당장 시행합시다."

장양의 말에 모든 내시들이 동의했다.

내시들은 칼과 도끼로 무장한 50명의 무사들을 장락궁 주변에 배치시켰다. 장락궁은 어린 황제의 어머니, 하태후가 살고 있는 곳이었다. 군사를 숨긴 뒤 내시들은 하태후를 찾아갔다.

"마마, 하진 대장군께서 동탁을 끌어들여 저희를 죽이려 하고 있습니다."

"대장군이 단단히 화가 난 모양이군. 그렇다면 자네들이 직접 대장군을 찾아가 잘못을 빌게."

아무것도 모르는 하태후가 내시들을 달랬다.

십상시를 대표해 장양이 말했다.

"궁궐을 나가는 순간 저희들은 죽음을 당하고 말 것입니다. 바라옵건데 태후 마마께서 직접 대장군을 불러 주십시오. 그때 저희가 대장군을 만나 뵙고 잘못을 빌겠습니다."

내시들이 눈물로 애원하자 하태후는 편지를 보내 하진을 들어오게 했다. 편지를 받은 하진은 별 생각 없이 궁궐로 들어갈 채비를 차렸다.

"느낌이 좋지 않습니다. 십상시들이 흉계를 꾸미고 있는 게 분명하니 궁궐로 들어가지 마십시오."

원소와 조조가 강하게 만류했다.

"하하하."

하진이 큰 소리로 웃음을 터뜨렸다.

"대장군 하진이 십상시를 두려워한다면 그게 말이나 되는 일이냐?"

원소가 급히 갑옷을 걸치고 뛰어나왔다.

"그렇다면 저희가 장군을 호위하겠습니다."

원소와 조조는 1천 명의 군사를 뽑아 원술에게 지휘를 맡겼다. 원술은 원소의 아우로 몸집이 좋고 무예가 뛰어난 젊은 장수였다. 원소와 조조는 친히 하진을 호위하며 장락궁으로 출발했다.

"장군 혼자 들어오시라는 분부이옵니다."

하진이 장락궁에 이르자 내시들이 문을 가로막았다. 무장한 병력은 궁궐 안으로 들어갈 수 없게 돼 있었다.

"무슨 일이 있겠느냐? 걱정 말고 여기서 기다려라."

하진은 말에서 내려 당당하게 장락궁 안으로 들어갔다. 원소와 조조는 별 수 없이 문밖에서 하진이 나오기를 기다렸다.

'태후마마가 무슨 일로 나를 보자고 했을까.'

하진은 위험이 닥친 줄도 모르고 하태후가 있는 내전으로 걸어갔다. 하진이 가덕전 앞을 막 지날 때였다.

"개돼지를 잡던 백정 하진은 듣거라!"

어디선가 호통소리가 들렸다.

'어떤 놈이 겁도 없이 내 이름을……'

하진은 자신의 귀를 의심하며 소리가 난 방향으로 고개를 돌렸다. 가덕전 뒤에서 서너 명의 내시들이 뛰어나왔다.

"이놈들, 누구 앞에서 감히 소란을 피우느냐?"

하진이 내시들을 꾸짖었다. 장양이 앞으로 나서며 소리쳤다.

"하진은 들어라. 비천한 백정놈을 데려다가 대장군에 앉힌 게 누구이더냐? 오늘날 네가 이렇듯 부귀영화를 누리게 된 건 다 우리 십상시의 덕이 아니더냐? 그런데 너는 은혜도 모르고 어찌하여 우리를 죽이려 하느냐?"

말이 채 끝나기도 전에 사방에서 흉악하게 생긴 무사들이 몰려나왔다.

"거기, 아무도 없느냐?"

하진은 급히 몸을 돌려 도망치기 시작했다. 그러나 궁궐의 문은 모두 닫혀 있었다.

"백정을 잡아라!"

단규가 무사들에게 명령했다. 칼과 도끼를 든 무사들이 일시에 달려들어 하진을 포위했다. 하진은 칼을 빼들고 필사적으로 저항했다. 하지만 힘이 부족했다. 도끼와 칼이 무수히 하진의 몸으로 날아들었다.

"커억, 이놈들……."

도끼가 하진의 이마를 정통으로 강타했다. 하진이 몸을 비틀거리자 날카롭게 생긴 창 끝이 허벅지를 찔렀다. 하진이 비명을 지르며 목을 떨구자 칼이 하진의 목을 내리쳤다. 마침내 하진의 머리가 땅바닥으로 떼굴떼굴 굴렀다.

한편, 밖에서 기다리던 원소와 조조는 몸이 달았다. 안으로 들어간 하진이 나오지 않았기 때문이다. 조조는 군사들을 시켜 담 안을 엿보게 했다. 궁궐이 워낙 넓어 안은 다 들여다보이지 않았다.

"무슨 일이 생긴 모양이오."

조조가 염소수염을 쓰다듬으며 말했다.

"문을 때려부수고 안으로 들어갑시다, 형님들."

원술이 도끼를 번쩍 치켜들었다.

"대장군은 어디 계십니까?"

조조가 궁궐 안을 향해 소리쳤다. 바로 그때였다.

"하진은 여기 있다!"

내시 장양이 피가 뚝뚝 흐르는 하진의 머리를 문 밖으로 내던졌다.

"하진은 반란을 꾀하다가 탄로나 죽었다. 나머지 무리들은 특별히 그 죄를 용서하는 바이니 모두 집으로 돌아가라!"

원소와 조조, 원술은 하진의 머리를 보고 크게 놀랐다. 하진은 두 눈을 부릅뜬 채 세 사람을 쳐다보았다.

조조가 길게 탄식했다.

"내시의 무리가 드디어 대장군을 죽였구나!"

원소가 칼을 빼들고 장락궁 안으로 뛰어들었다.

"드디어 간신을 뿌리뽑을 때가 되었다. 내시들을 한 놈도 남기지 말고 모조리 죽여라!"

원술은 군사들을 시켜 궁궐을 포위하게 했다. 조조와 원소는 내전 깊숙이 군사를 몰고 들어갔다. 여기저기 불길이 치솟고 화려하던 궁궐은 아수라장으로 변했다. 놀란 비명 소리가 천지를 진동했다.

"수염 없는 자들이 내시다!"

군사들은 궁궐 안을 제멋대로 헤집고 다녔다. 장락궁 안에 있던 곽승과 조충이 제일 먼저 죽임을 당했다. 정광, 하운 등도 차례로 목이 달아났다. 군사들은 젊은 내시, 늙은 내시, 할 것 없이 보이는 대로 죽였다. 궁궐은 순식간에 피바다로 변했다. 원소는 죽은 내시들을 토막내 까마귀밥으로 내던졌다.

혼란의 와중에 용케 살아난 내시들이 있었다. 십상시 우두머리 장양과 단규였다. 밖의 조짐이 심상치 않자 장양과 단규는 황제와 진류왕 협을 납치했다. 소제와 진류왕을 인질로 삼아 장양과 단규는 하태후를 찾아갔다. 하태후마저 인질로 삼을 생각이었다.

"저년을 끌어내라!"

내시의 군사들이 하태후를 강제로 가마에 실을 때였다.

"이놈들아, 멈춰라! 어찌 감히 태후 마마에게 손을 대느냐!"

늙은 노식 장군이 멀리서 이 광경을 보고 달려왔다. 내시들은 소제와 진류왕이 탄 수레를 몰고 황급히 궁궐 뒷문으로 빠져나갔다. 그 바람에 하태후는 뒤로 벌렁 자빠졌다.

"태후 마마."

노식은 하태후를 안전한 곳으로 모시고 불길이 치솟는 궁중으로 달려갔다. 궁궐에서 시작된 불길은 바람을 타고 낙양성 밖으로 번졌다. 도성 밖도 아수라장이 되었다. 광기에 사로잡힌 원소, 원술 형제는 닥치는 대로 사람들을 죽였다. 원소, 원술 형제가 궁궐을 유린하는 사이 조조는 부하들과 불을 끄고 있었다. 궁궐로 들어갔던 노식은 불을 끄고 있는 조조를 만났다.

'음, 역시 조조는 침착한 젊은이로군.'

노식은 속으로 감탄했다.

"황제가 납치되었네. 속히 군사를 풀어 내시를 뒤쫓게."

노식은 조조에게 방금 전의 상황을 얘기했다.

"아, 미련한 조조가 불만 끄다가 황제를 보호하지 못했군요."

조조는 통곡하며 부하들에게 명령했다.

"속히 수레 뒤를 쫓아가 황제 폐하를 구하라!"

장양과 단규는 불길을 헤치고 북망산에 당도했다. 수레는 불에 그을리고 바퀴는 깨어졌다. 소제와 진류왕은 수레 안에서 벌벌 떨며 밖을 내다보았다. 해가 지고 사방은 칠흑같이 어두워졌다.

"역적들은 어디로 도망가느냐?"

그때, 멀리서 고함소리가 일며 한 떼의 군사들이 다가왔다. 군사를 이끌고 오는 사람은 하남 사람 민공이었다. 민공은 황제가 계신 궁궐에 불길이 치솟자 급히 달려오던 중이었다.

"우리 운명도 이제 끝장이군."

민공의 군사가 수레를 포위하자 내시 장양은 벼랑으로 몸을 날려 죽었다. 장양이 자살하자 단규는 수레를 버리고 어둠 속으로 도망쳤다. 겁에 질린 소제와 진류왕은 수레 밖으로 나와 숲속에 몸을 숨겼다.

"황제 폐하는 어디 계십니까?"

수레가 텅 비어 있자 민공은 군사들을 풀어 황제를 찾게 했다. 소제와 진류왕은 서로 부둥켜안은 채 몸을 떨었다. 자신을 찾는 무리들이 누구인지 알 수 없었다.

"마을을 수색하라!"

황제를 찾지 못하자 민공은 군사를 거두어 산을 내려갔다.

북망산에 밤이 깊어갔다. 추위와 배고픔이 두 사람을 엄습했다. 소제와 진류왕은 높은 언덕에 올라 궁궐을 바라보았다. 궁궐에는 아직도 시뻘건 불길이 치솟고 있었다.

16. 거만한 동탁

"아아, 이 일을 어찌하면 좋단 말인가."

소제는 하늘을 쳐다보며 탄식했다. 별똥별 하나가 길게 꼬리를 늘어뜨리며 떨어졌다. 날짐승 소리가 사방에서 들려왔다. 숲의 분위기가 심상치 않았다. 소제는 소매로 눈물을 훔쳤다. 옆에 있던 진류왕 협도 눈물을 흘렸다.

"이대로 숲에서 머물다간 호랑이와 이리의 밥이 될 것입니다. 민가를 찾아가 하룻밤을 보내고 내일 궁궐의 동태를 살펴는 게 좋을 것 같습니다."

진류왕이 소제의 옷소매를 잡아끌었다. 나이는 소제보다 어렸지만 진류왕은 총명하고 생각이 깊었다.

"그게 좋겠군."

소제는 고개를 끄덕였다. 두 사람은 수풀을 헤치며 길을 찾아 앞으로 나아갔다. 그러나 길은 쉽게 나타나지 않았다. 두 사람은 가시덤불 속에 갇혀 이러지도 저러지도 못하게 되었다. 몸을 움직일 때마다 가시들이 사정없이 두 사람을 찔렀다.

"길이 보이지 않으니 큰일이군."

힘이 다한 소제는 털썩 땅바닥에 주저앉았다. 바로 그때였다.

"저기를 보십시오."

진류왕이 황급히 한쪽을 가리켰다. 한 줄기 빛이 사방을 대낮처럼 밝히며 이쪽으로 다가오고 있었다. 빛의 정체는 다름 아닌 개똥벌레 무리였다. 수만 마리의 개똥벌레가 한데 뭉쳐 밤하늘을 수놓고 있었다.

"하늘이 한나라 황실을 돕고 있습니다."

진류왕이 앞장서 가시덤불을 헤쳐나갔다.

얼마쯤 나아가니 숲을 따라 이어진 작은 길이 나타났다. 소제와 진류왕은 다리를 절며 정신없이 걸었다. 어느새 희미하게 날이 밝아왔다. 두 사람은 길옆에 쌓아놓은 건초더미 위에 몸을 눕혔다. 다리가 아파 더는 걸을 수 없었다.

소제와 진류왕은 너무 피곤한 나머지 잠에 곯아떨어졌다. 다행히 건초더미 옆에는 한 채의 농가가 있었다. 농부는 아침 일찍 일어나 집 주변을 살폈다. 간밤, 꿈자리가 사나웠기 때문이다. 아니나 다를까. 건초 더미에 두 소년이 잠들어 있는 게 아닌가.

"두 분 도령은 어째서 이런 곳에 누워 계시오?"

주인은 서둘러 소년들을 깨웠다. 소년들의 옷차림이 예사롭지 않았다.

상대가 허름한 농부인지라 진류왕은 사실대로 대답했다.

"이 분은 새롭게 등극하신 소제 폐하십니다. 십상시들의 난을 피해 정신없이 도망쳐 나온 길이오."

깜짝 놀란 농부가 물었다.

"그렇다면 도령은 뉘시오?"

"나는 폐하의 아우 되는 진류왕이오."

농부는 그 자리에 엎드려 두 번이나 절을 올렸다.

"폐하, 하마터면 큰일 날 뻔했습니다. 어서 안으로 드시지요."

농부는 황제와 진류왕을 집으로 모셨다.

"시골이라 음식이 변변치 않습니다. 죽을 쑤어 왔으니 조금이라도 드십시오."

농부는 눈물을 흘리며 죽이 든 사발을 내밀었다.

"고맙네. 은혜를 꼭 갚겠네."

굶주린 황제와 진류왕은 게눈 감추듯 죽 그릇을 비웠다. 황제와 진류왕이 몸을 쉬고 있는 사이 농부는 밖으로 나가 망을 봤다.

한편, 수레를 버리고 도망치던 내시 단규는 숲에서 민공의 군사에게 붙잡혔다. 민공은 단규를 꾸짖으며 황제가 간 곳을 물었다. 황제보다 먼저 도망친 단규가 황제의 거처를 알 리 없었다. 민공은 단규의 목을 쳐 말안장에 매달고 주변을 샅샅이 수색했다.

날이 완전히 밝자 민공은 농가가 있는 곳에 이르렀다. 농부가 밖을 서성이는 모습이 아무래도 수상했다. 민공이 말을 멈추고 물었다.

"혹시, 황제 폐하를 보지 못했는가?"

농부가 침착하게 대답했다.

"무슨 일로 폐하를 찾고 계십니까?"

"내시들이 난을 일으켜 궁궐을 쑥밭으로 만들었네. 난리 틈에 장양과 단규가 폐하와 진류왕을 납치하여 이곳 북망산으로 도망쳤지. 아직 폐하와 진류왕의 행방이 묘연해 이렇게 찾고 있는 중일세."

"그렇다면 정말 다행이군요."

농부는 새벽에 일어난 일을 사실대로 말해 주었다.

"폐하, 얼마나 고생이 많으셨습니까? 속히 황궁으로 드시지요. 폐하의 행방을 찾지 못해 온 나라가 발칵 뒤집혔습니다."

민공은 황제를 향해 절을 올리며 눈물을 흘렸다.

"모두가 짐이 부덕한 탓이오."

어린 황제도 눈물을 글썽였다.

민공은 군사들에게 황제를 호위하게 했다. 그런 다음 자신의 말에 황제와 진류왕을 태우고 궁궐을 향해 길을 떠났다.

얼마쯤 전진하니 말발굽 소리가 요란하게 들리며 수백 명의 군사들이 나타났다. 황제를 마중 나온 사도 왕윤과 노식 장군, 조조와 원소 형제였다. 그들 뒤에는 백여 명이나 되는 문무백관들이 늘어 서 있었다.

"폐하, 어서 가마에 오르시지요."

모두가 땅에 꿇어 엎드렸다.

대신들은 황제를 호위하며 조심스럽게 궁궐로 길을 재촉했다. 그렇게 얼마쯤 갔을 때였다. 언덕 저편에서 징 소리가 울리며 정체불명의 군사들이 나타났다. 모두 깜짝 놀라 그쪽을 바라보았다. 군사의 수가 헤아릴 수 없이 많았다. 깃발이 해를 가리고 말발굽 소리가 천지를 진동했다. 어가를 호위하던 군사들은 크게 놀라 동요했다. 대신들도 걸음을 멈추고 망연히 서 있었다.

"기어이 올 것이 왔구나……."

한쪽 구석에 있던 조조가 낮게 탄식했다.

"멈춰라! 누가 이끄는 군사들이기에 감히 황제의 어가를 막는단 말이냐?"

원소가 큰 소리로 꾸짖었다. 원소의 말이 채 끝나기도 전에 하늘을 가린 깃발들이 좌우로 갈라졌다. 창검을 든 군사들이 길을 열자 황금빛 갑옷을 걸친 장수 하나가 말에 올라 거드름을 피우며 다가왔다. 피둥피둥 살이 오른 얼굴에 기름기가 번지르르 흘렀다. 목의 굵기가 어른 허리통만 했고 들창코에 두 눈이 뱀처럼 가늘었다.

"어디서 굴러먹은 놈이냐?"

원소가 칼을 들어 살진 장수를 찌르려 했다. 살진 장수는 원소 따위는 안중에 없다는 듯 계속 말을 몰아 황제의 수레

앞에 섰다. 기세가 하도 등등해서 대신들은 말을 못하고 숨을
죽였다.

"황제는 어디 계신가?"

살진 장수가 눈을 찡그리며 주변을 쳐다보았다. 그는 20만
군사를 이끌고 서량에서 올라온 동탁이었다. 궁궐을 염탐하던
동탁은 내시가 반란을 일으켜 대장군 하진이 죽은 사실을 알
게 되었다. 간사한 동탁이 이런 기회를 놓칠 리 없었다. 동탁
은 황제를 호위하는 척하면서 황궁으로 들어갈 계획을 짰다.

"이놈, 무엄하다. 어서 길을 비키지 못할까!"

그때, 한 소년이 수레를 뛰쳐나와 소리쳤다. 예상치 못했던
일에 동탁은 흠칫 놀랐다. 대신들도 소년의 용기에 놀라 모두
그쪽을 바라보았다.

"그대는 누군가?"

동탁이 눈을 가늘게 뜨고 물었다.

"나는 황제의 아우 되는 진류왕이다. 버릇없는 너는 누구냐?"

그 소리를 듣자 동탁은 황급히 말에서 뛰어내렸다.

"아이쿠! 저는 서량 태수 동탁입니다. 황제의 어가인 줄은
꿈에도 생각하지 못했습니다."

동탁이 그럴듯하게 변명을 늘어놓았다.

"그렇다면 무슨 일로 군사를 몰고 나타났느냐?"

"내시가 반란을 일으켰다는 소식을 듣고 황제 폐하의 어가를 호위하기 위해 달려오는 길이었습니다."

진류왕의 음성이 부드럽게 바뀌었다.

"어가를 호위하려거든 소란을 피우지 말고 조용히 수행하시오."

체구가 작고 나이가 어리지만 진류왕의 목소리엔 위엄이 서려 있었다. 진류왕의 당당한 모습에 동탁은 크게 감탄했다.

'진류왕은 이제 겨우 아홉 살밖에 되지 않은 소년 아닌가. 적당한 기회에 소제를 쫓아내고 똑똑한 진류왕을 황제로 추대해야겠다.'

속으로 생각하며 동탁은 대신들을 향해 소리쳤다.

"모두 수고 많았소. 이제부터 내가 황제폐하를 호위할 것이니 모두 길을 비키시오."

원소를 비롯한 대신들은 기가 막혔다. 그러나 동탁의 군사들이 20만이나 되었기에 달리 손을 쓸 방법이 없었다.

동탁은 황제의 어가를 보호하며 무사히 궁궐로 돌아왔다. 궁궐은 아수라장이었다. 곳곳이 불에 탔고 여기저기 시체가 가득했다. 창고마다 가득했던 금은보화가 사라지고 황제의 상

징인 옥새도 보이지 않았다.

"옥새가 사라졌으니 큰일이군."

사도 왕윤은 대신들에게 옥새를 찾게 했다. 그러나 옥새는 발견되지 않았다.

동탁의 행동은 더 기가 막혔다. 동탁은 20만의 서량 군사를 궁궐 주변에 빙 둘러 배치했다. 그것도 모자라 철갑으로 무장한 천 명의 군사를 궁궐 안으로 들여보내 지키게 했다. 동탁은 칼을 찬 채 궁궐을 제집처럼 드나들었다. 백성들은 불안에 떨며 동탁에게 길을 내주었다.

"참으로 이상한 일일세. 십상시도 토벌되고 나라가 안정을 되찾았는데 동탁은 고향으로 돌아갈 생각을 하지 않고 있네."

"아무래도 무슨 난리가 또 한바탕 날 모양이야."

백성들은 삼삼오오 모이기만 하면 수군거렸다.

보다 못한 후군교위 포신이 원소를 찾아와 상의했다.

"아무래도 동탁이 엉뚱한 마음을 품고 있는 것 같소이다. 적당한 기회에 동탁을 죽여 버립시다."

그러나 원소의 생각은 달랐다.

"지금 군사를 일으키면 백성들이 불안에 떨 것이오. 일단 나라가 안정을 찾은 뒤에 방법을 강구해 봅시다."

애초에 하진에게 동탁을 부르자고 건의한 사람은 원소였다. 원소는 뒤늦게 후회했지만 이미 엎질러진 물이었다. 실망한 포신은 사도 왕윤을 찾아가 일을 의논했다. 사도란 사공, 사마와 함께 삼공으로 불리는 조정의 최고 우두머리 벼슬이었다.

"나도 자네와 같은 생각일세. 하지만 동탁의 기세가 하늘을 찌르고 있으니 당장은 어떻게 해 볼 도리가 없지 않은가."

왕윤은 학식이 깊고 매사에 신중한 사람이었다. 화가 치민 포신은 벼슬을 내놓고 고향으로 돌아갔다. 이런 일은 이후에도 계속되었다. 동탁으로 인해 불안을 느낀 많은 대신들이 벼슬을 내놓고 고향으로 돌아갔다.

애초에 동탁이 치밀하게 계산한 일들이었다. 동탁은 겁을 주어 대신들을 쫓아내고 그 자리를 하나씩 자신이 차지했다. 대신들을 내쫓는 동시에 동탁은 관리 제도를 제멋대로 바꾸었다. 삼공 제도를 없애고 승상부를 만들어 자신이 승상의 자리에 올랐다. 한 달이 채 안 돼 군사를 움직이는 병권과 대소사를 처리하는 행정의 권한이 모두 동탁의 손아귀로 굴러 떨어졌다.

동탁은 만족한 웃음을 지었다.

"흠, 모든 일이 계획대로 돼 가는군."

동탁은 모사 이유를 불러 은밀히 상의했다.

"황제를 끌어내리고 그 자리에 진류왕을 앉힐까 하는데 자네 생각은 어떤가?"

이유는 손뼉을 치며 아양을 떨었다.

"매우 좋은 생각이십니다. 며칠 뒤 후궁에 문무백관들을 모조리 모아 놓고 승상의 계획을 말씀하십시오. 만약 거역하는 자가 있다면 그 자리에서 목을 베어 위엄을 세우셔야 합니다."

17. 천하무적 여포와 적토마

며칠 뒤 후궁에서 연회가 열렸다.

조정의 크고 작은 대신들이 한 사람도 빠지지 않고 참석했다. 동탁이 자리에 나오지 않으면 목을 친다고 엄포를 놓았기 때문이다. 동탁은 화려한 옷을 걸치고 후궁으로 나아갔다. 풍악이 울리고 술잔이 바삐 돌았다. 동탁은 웃고 떠들며 나이 든 대신들과 어울려 술을 마셨다.

"여러 대신들께 할 말이 있으니 모두 잔을 멈추시오."

분위기가 무르익자 동탁이 풍악을 멈추게 하고 자리에서 일어났다.

"또, 무슨 흉계를 꾸미려는 것일까?"

대신들이 긴장한 얼굴로 동탁의 다음 말을 기다렸다. 동탁은 뚱뚱한 몸을 한껏 흔들며 좌중을 돌아보았다.

"황제는 만 백성의 주인입니다. 총명하지 못하면 나라를 다스릴 수 없는 법이지요. 지금의 황제는 무능하고 나약합니다. 소제 대신 영특한 진류왕을 황제에 앉힐까 하는데 여러분의 생각은 어떠시오?"

넓은 정원은 찬물을 끼얹은 듯 조용해졌다. 너무도 기가 막힌 말이었는지라 누구도 쉽게 입을 열지 못했다.

"그럼, 그렇지."

동탁은 만족한 얼굴로 고개를 끄덕였다. 바로 그때였다.

"신하가 어찌 황제를 마음대로 바꿀 수 있단 말인가?"

한 사나이가 술잔을 내던지며 자리에서 벌떡 일어났다. 모든 사람이 일제히 그쪽으로 고개를 돌렸다. 그는 형주 자사 정원이었다.

"안 되는 이유가 무엇이오?"

동탁이 눈을 가늘게 뜨고 정원을 노려보았다. 금방이라도 허리에 찬 칼을 빼들 태세였다.

"동탁은 듣거라! 너는 오랑캐나 막던 일개 변방 장군이 아니었더냐. 어찌 하여 하늘 무서운 줄 모르고 조정을 어지럽히느냐?"

정원의 용기에 모두들 놀라움을 표시했다. 한쪽에서 숨을 죽이고 있던 조조와 원소도 예리하게 사태를 주시했다.

"닥쳐라! 내 말을 듣지 않으면 모두 죽이겠다."

동탁이 마침내 허리에 찼던 칼을 빼들고 정원을 향해 걸어갔다.

"흥!"

정원은 콧방귀를 뀌었다.

'저놈이 뭘 믿고 설치는 걸까?'

정원을 향해 걸어가던 동탁은 흠칫 놀랐다. 고개를 들어 바라보니 정원의 등 뒤에 저승사자처럼 생긴 장수가 눈을 부라리며 서 있었다. 키가 9척에 가깝고 얼굴이 시커먼 장수였다. 손에는 한 자루 방천화극을 들었는데 여차하면 동탁을 내리칠 기세였다.

'음, 참으로 무서운 장수다. 잘못하면 내가 죽게 되겠군.'

동탁은 안절부절못하며 걸음을 멈췄다. 방천화극은 창에 반달 모양의 칼날을 붙인 무시무시하게 생긴 무기였다. 모사 이유가 재빨리 꾀를 내어 동탁을 위기에서 구출했다.

"오늘은 모든 백관이 한 자리에 모인 기쁜 날입니다. 황제 문제는 내일 따로 의논하기로 하고 다만 즐겁게 먹고 마십시다."

동탁은 칼을 거두고 슬며시 자리로 돌아왔다. 화가 치민 정원은 여포의 호위를 받으며 밖으로 나가 버렸다.

"어제 그 장수가 도대체 누구인가?"

다음날, 동탁이 이유를 불러 물었다. 지금까지 그토록 용맹한 무장을 보지 못했기 때문이다.

"그는 정원의 양자로 여포라는 장수입니다. 활을 쏘면 10리를 날아가 도망가는 범을 맞추고 한 번 화극을 휘두르면 수십 명의 목이 일시에 떨어진다 합니다."

"그토록 놀라운 장수가 있었다니 뜻밖이구나."

동탁은 거듭 감탄했다.

그때 동탁의 부하 장수 이곽이 뛰어 들어왔다.

"장군, 큰일났습니다. 형주 사자 정원이 군사를 이끌고 쳐들어왔습니다."

"뭐라고?"

동탁은 군사를 이끌고 정원을 향해 달려갔다. 양쪽 군대는 넓은 벌판 한 가운데 서로를 마주 보고 섰다.

"역적 동탁은 듣거라. 황건의 난이 일어났을 때 제대로 공한 번 못 세운 네놈이 어찌 주제넘게 황제의 폐위를 거론할 수 있단 말이냐? 내시들이 나라를 말아먹더니 이제 별 개돼지만도 못한 놈들이 다 나서는구나."

동탁을 발견한 정원이 소리 높여 외쳤다. 돼지라는 말은 동탁이 유난히 싫어하는 단어였다. 화가 머리끝까지 치민 동탁은 전 군에 공격 명령을 내렸다. 정원의 군사들도 함성을 지르며 마주 달려나왔다.

"역적, 동탁은 나와 내 창을 받아라!"

맨 앞에 선 여포가 큰 소리로 꾸짖었다. 여포를 발견한 동탁의 군사들은 자신도 모르게 걸음을 멈췄다. 머리에 금으로 된 투구를 쓴 여포는 미친 범처럼 사나왔다.

"듣던 대로군."

동탁은 부하들이 죽는 것도 잊은 채 여포가 싸우는 모습을 감상했다. 여포는 동에 번쩍 서에 번쩍 한줄기 회오리바람처럼 움직였다. 그가 움직일 때마다 동탁군의 목이 가랑잎처럼 떨어졌다. 겁을 집어먹은 동탁은 군사를 거두어 30리나 도망쳤다.

"여포는 과연 천하무적이다. 저런 장수를 내 부하로 삼을 수 있다면 얼마나 좋겠느냐?"

동탁은 부하들을 불러놓고 의논했다.

"장군, 제게 좋은 방법이 있습니다."

동탁은 얼른 소리가 난 방향을 돌아보았다. 촛불이 일렁이는 가운데 한 장수가 빙긋 웃으며 동탁을 쳐다보았다. 그는 호분 중랑장 벼슬을 하고 있는 이숙이었다.

"이숙이군. 그래, 무슨 묘책이라도 있는가?"

동탁이 친근한 목소리로 물었다.

"여포는 저와 같은 동향 사람입니다. 어릴 때부터 그의 성품을 눈여겨보아 왔지요. 여포는 용맹하지만 그만큼 어리석고 둔한 인간입니다. 장군께서 약간의 선물만 준비하신다면 여포는 필시 정원을 배반하고 장군 품에 안길 것입니다."

말을 들은 동탁은 뛸 듯이 기뻐했다.

"오오, 그게 사실인가? 좀더 자세히 말해 보라."

동탁의 얼굴이 환하게 밝아졌다.

"장군은 천하의 명마 적토마를 갖고 계시지 않습니까?"

"그렇지."

적토마는 동탁이 강족에게 얻은 것으로 하루에 천 리를 달린다는 말이었다. 온 몸이 붉은 털로 덮여 있어 갈기를 휘날리며 달릴 때는 불덩이가 이글거리며 날아가는 것 같았다. 강을 헤엄쳐 건너고 절벽을 뛰어내릴 수 있는 천하의 명마였다.

"여포에게 장군의 적토마를 선물로 보내십시오. 재물에 눈이 어두운 여포는 크게 감격하여 장군을 찾아올 것입니다."

"음……."

말을 다 듣고 난 동탁은 신음을 흘렸다. 적토마는 동탁이 손발처럼 애지중지 아끼는 말이었다.

"장군, 여포를 얻으면 천하를 얻을 수 있습니다. 무엇이 아까워 망설이시오?"

옆에 있던 이유가 이숙의 말을 거들고 나섰다.

"실수 없이 일을 처리하라."

동탁은 황금 천 냥을 적토마에 실어 이숙에게 고삐를 내주었다. 이숙은 병졸 한 명에게 적토마를 끌게 하고 조용히 길을 나섰다.

"걸음을 멈추어라!"

여포의 군중에 도착하자 군사들이 길을 막았다. 경계가 삼엄한 가운데 곳곳에 창검을 든 군사들이 깔려 있었다.

"나는 여포 장군의 친구 이숙이다. 나를 장군께 안내해라."

이숙이 태연히 말했다. 여포의 부하들은 이숙을 여포에게 안내했다.

"아니, 자네가 어쩐 일인가?"

여포가 깜짝 놀라 이숙을 맞이했다.

"자네가 뛰어난 장수가 되었다는 소식을 들었네. 훌륭한 명마는 뛰어난 장수와 짝을 이루어야 하는 법이지. 자네, 혹시 적토마라고 들어보았나?"

자리에 앉자 이숙이 물었다.

"적토마라면 하루에 천 리를 달린다는 말이 아닌가?"

"바로 그렇다네. 나는 적토마를 자네에게 선물하기 위해 찾아온 것일세."

여포는 자신의 귀를 의심했다. 적토마라면 모든 무장들이 한번쯤 갖고 싶어 하는 세상에서 단 한 마리밖에 존재하지 않는 명마가 아닌가.

"그게 사실인가?"

여포의 입이 딱 벌어졌다.

"그렇다네."

이숙은 말을 끌고 오게 하여 여포에게 고삐를 쥐어주었다. 여포가 보니 과연 듣던 대로였다. 적토마는 고개를 숙인 채 여포에게 머리를 문질렀다.

"음, 그런데 무슨 일로 적토마를 내게 주는가?"

여포가 뒤늦게 정신을 차리고 물었다.

"그런 얘기를 어찌 밖에서 할 수 있겠나?"

여포는 술상을 가지고 오게 하여 이숙과 밤이 깊도록 마셨다. 술이 취하자 여포는 더욱 기분이 좋아졌다. 여포가 취한 틈을 타 이숙이 넌지시 물었다.

"그런데 자네는 어째서 정원의 양자 노릇을 하고 있나?"

취한 김에 여포는 사실대로 말해주었다.

"오갈 데 없는 나를 정원이 거두어 주었다네. 그래서 아들과 아버지의 인연을 맺은 것이지."

이숙은 큰 소리로 한탄했다.

"자네처럼 용맹한 장수가 정원 같은 자 밑에 있으니 참으로 안타깝군."

여포가 술잔을 단숨에 비웠다.

"실은 나도 가끔 그런 생각을 했네. 하지만 어쩌겠나. 달리 갈 곳도 없으니……"

기회를 놓치지 않고 이숙이 말했다.

"왜 갈 곳이 없는가? 천하의 동탁 장군이 있지 않은가?"

여포가 고개를 흔들었다.

"자넨 나를 놀리는가? 어제 하루만 해도 수천 명의 동탁군을 내 손으로 쳐 죽였네. 내가 무슨 얼굴로 그를 찾아가겠나."

"후후, 너무 걱정할 것 없네."

목소리를 낮춘 이숙은 동탁이 여포를 기다린다고 전해 주었다.

"적토마도 동탁 장군이 보낸 것일세. 장군이 타고 있던 말을 손수 내어 준 것이지. 동탁 장군은 말씀하셨네. 훌륭한 장수 한 명을 얻는데 그깟 적토마가 무슨 대수냐고 말일세."

단순한 여포는 크게 감격했다.

"시간을 끌 필요도 없네. 오늘 밤 당장 동탁 장군을 찾아가세. 정원의 목을 베어 들고 가면 더욱 좋아하실 것이네."

"자네 말대로 하겠네."

여포는 밖으로 나와 정원이 머물고 있는 막사로 찾아갔다. 정원은 촛불 밑에 앉아 병서를 읽고 있었다.

"오, 내 아들 여포로구나. 그래 무슨 일로 왔느냐?"

정원이 책을 덮고 여포를 맞이했다.

"이제부터 나는 당신 아들이 아니오."

여포가 냉정하게 대답했다.

"여포가 술을 많이 마신 모양이구나."

정원은 깜짝 놀라 벌떡 일어났다.

"사나이 대장부가 어찌 사사로운 인연에 집착하겠소."

여포가 칼을 휘두르니 정원의 목이 바닥으로 떨어졌다. 정원은 비명을 지를 사이도 없이 눈을 부릅뜬 채 죽었다. 여포는 피가 뚝뚝 떨어지는 정원의 머리를 들고 밖으로 뛰쳐나갔다.

"동탁과 사사로이 싸움을 벌이는지라 내가 정원을 죽였다. 나를 따를 자는 이곳에 남고 고향으로 돌아갈 사람은 돌아가라."

여포가 소리치니 군사들은 감히 앞으로 나서지 못했다. 다음날, 정원을 따르던 태반의 군사들이 짐을 꾸려 고향 형주로 돌아갔다. 여포는 남은 군사를 수습하여 동탁의 진영으로 찾아왔다.

"아니, 이게 누군가?"

동탁은 맨발로 달려나와 여포를 맞이했다.

"예부터 사람은 자신을 알아보는 주인에게 충성을 다한다고 했습니다. 이 몸을 거두어 주신다면 목숨을 바쳐 장군을 돕겠습니다."

여포는 두 번 절을 올리고 머리를 조아렸다.

"장하다, 여포!"

동탁은 여포를 얼싸안으며 기뻐했다.

"여포를 얻었으니 천하를 얻는 것도 시간문제다."

동탁은 잔치를 열어 여포를 위로하고 황금과 비단을 하사했다.

18. 원소의 은밀한 편지

　여포를 얻자 동탁의 기세는 하늘을 찔렀다.

　천하에 동탁을 대적할 군대는 존재하지 않았다. 동탁은 자신의 아우 동민을 좌장군에 삼고 여포를 우장군 격인 기도위 중랑장에 임명했다. 이로써 성 안팎의 모든 군사력을 동탁이 장악하게 되었다.

　어느 날, 간사한 이유가 동탁을 찾아왔다.

　"천하는 이제 장군 것이옵니다."

"흠……"

동탁은 눈을 가늘게 뜨고 고개를 끄덕였다.

"천하를 얻었는데 뭘 망설이십니까? 어서 황제를 폐하고 진류왕을 새 황제에 추대하십시오. 진류왕을 황제에 앉히면 장군 마음대로 조종을 할 수 있게 되옵니다."

이유의 말을 옳게 여긴 동탁은 곧 명령을 내렸다.

"대신들을 빠짐없이 모이게 하라."

동탁의 초청을 받은 문무백관들이 모두 모여들었다. 새로 동탁의 부하가 된 여포는 적토마에 높이 올라 연회장 주변을 경비했다.

잔치가 한창 무르익을 무렵 동탁이 몸을 일으켰다.

"공들은 들으시오."

풍악이 그치자 사람들이 일제히 동탁을 쳐다보았다.

"에, 지난번에도 얘기했듯이 지금 황제는 심성이 나약하여 만백성을 다스릴 위인이 못 되오. 그 아우 진류왕을 새로 황제에 추대하고자 하는데 공들의 의견은 어떻소?"

동탁은 허리에 찬 칼을 어루만지며 은근히 공포 분위기를 조성했다. 대신들은 서로 얼굴만 쳐다볼 뿐 아무런 말도 하지 못했다.

"동탁은 헛소리를 집어치워라!"

그 말에 한쪽 구석에 섰던 젊은 장수 하나가 벌떡 일어났다.

"황건적이 소탕되고 십상시도 토벌되어 모처럼 나라에 평화가 찾아왔다. 그런데 동탁은 무슨 연유로 나라를 시끄럽게 하느냐? 신하가 황제를 마음대로 바꾼다면 이는 역적과 다름없다."

그는 다름 아닌 중군교위 원소였다. 원소의 당당한 모습에 모두 고개를 끄덕였다.

"주둥이 닥쳐라! 역적이라니!"

동탁이 칼을 빼들고 원소를 향해 내달렸다. 몸집이 비대한 탓에 바닥이 쿵쿵 울렸다.

"흥, 누가 너 따위를 겁낼 줄 아느냐?"

원소도 지지 않고 칼을 빼들었다.

"이놈, 모두가 내게 고개를 숙이는데 너는 참 맹랑하구나?"

화가 치민 동탁은 황소처럼 씩씩거렸다.

"난 오로지 황제를 위해서만 고개를 숙인다."

명문가의 자손답게 원소의 말에는 기백이 넘쳤다.

두 사람이 막 서로를 찌르려는 찰나 이유가 끼어들었다. 이유가 동탁의 귀에 대고 작은 소리로 속삭였다.

"장군, 이 자리에서 원소를 죽이면 오히려 대신들의 원망만들게 됩니다. 기회는 얼마든지 있으니 참으시지요."

그런 다음 원소를 향해 말했다.

"교위도 칼을 거두시오."

멀리서 여포가 다가오는지라 원소도 못이기는 척 칼을 거두었다.

"나는 황제의 신하로서 이런 모반의 자리에 함께 있을 수 없소."

원소는 자리를 박차고 밖으로 나가 버렸다.

'필시 오늘밤 동탁이 나를 죽이고 말 것이다. 내가 어리석어 동탁을 낙양으로 끌어들였구나……'

연회장을 빠져 나온 원소는 크게 탄식했다. 원소는 가족들을 이끌고 즉시 기주로 도망쳤다.

"당장 원소를 잡아와라!"

원소가 도망쳤다는 소식을 듣자 동탁은 불같이 화를 냈다.

"원소는 공신의 자손이옵니다. 원소를 함부로 죽이면 많은 대신들이 장군을 원망하게 됩니다. 계교를 써서 원소를 달래십시오."

이유가 동탁을 말렸다.

"그래, 무슨 수가 있는가?"

동탁의 표정이 다소 누그러졌다.

"마침 발해에 태수 자리가 비었으니 원소를 발해태수로 임명하십시오. 원수를 은혜로 갚게 된다면 원소는 필시 감격하여 장군께 머리를 숙이게 될 것입니다. 여포를 얻고, 이제 원소마저 손에 넣게 된다면 천하의 대세가 장군께 완전히 기울 것입니다."

"과연, 이유다!"

동탁은 크게 기뻐하여 즉시 임명장을 써서 전령을 기주로 보냈다.

며칠 뒤 동탁은 문무백관들을 가덕전에 모이게 했다. 황제를 바꾸기 위해서였다. 참석하지 않는 대신은 엄벌에 처하겠다는 군령이 하달되었다. 여포는 군사를 풀어 가덕전 주변을 빽빽이 에워쌌다.

때는 가을이라 가덕전 주변은 단풍이 붉게 물들었다. 신하들은 떨어진 낙엽을 밟으며 하나둘씩 모여들었다. 가슴이 찢어질 듯 아팠지만 모두 입을 굳게 다물었다.

소제는 영문도 모른 채 끌려나와 허수아비처럼 용상에 앉았다. 마침내 동탁이 황금 수레를 타고 거드름을 피우며 나타났다. 동탁이 자리에 앉자 모사 이유가 미리 준비한 글을 읽기 시작했다.

"하태후는 본래 백정의 딸로서 황실의 피를 더럽히는 죄를 범했다. 그에 비해 진류왕은 총명하기가 이를 데 없고 기품이 넘쳐 만백성을 다스리고도 남음이 있다."

그때 문득 대신 하나가 칼을 빼들고 소리쳤다.

"역적들은 읽기를 멈추어라. 동탁은 누구의 명을 받아 황제를 폐하려 하느냐?"

그는 상서 벼슬을 하고 있는 정관이었다. 정관은 평소에도 성품이 강직한 인물이었다.

"어떤 놈이 겁도 없이 떠드느냐?"

동탁이 눈을 찡그리며 정관을 쳐다보았다.

"닥치거라!"

정관이 칼을 빼들고 동탁을 향해 뛰어오는 찰나였다. 번개처럼 나타난 여포가 멀리서 방천화극을 휘둘렀다. 정관의 목이 허공을 날아 연못 가운데로 떨어졌다. 피가 무지개를 그렸다. 동탁이 명령했다.

"이유는 계속해서 읽어라."

끔찍한 장면을 목격한 대신들은 파랗게 질렸다.

"황실의 혈통을 맑게 하고 나라의 기강을 세우고자 진류왕을 새롭게 황제에 추대하노라……."

이유가 글을 다 읽고 종이를 접어 동탁에게 바쳤다. 황제와 하태후는 분한 마음에 몸을 부들부들 떨었다.

"누가 감히 황제를 마음대로 바꿀 수 있단 말이냐."

하태후가 몸부림치며 바닥으로 쓰러졌다.

"용상을 지키십시오. 절대로 내려오지 마십시오."

하태후가 울부짖었다. 보고 있던 대신들이 모두 눈물을 흘렸다.

"저 여자를 끌어내라."

동탁이 눈살을 찌푸리며 여포에게 지시했다. 여포가 하태후를 끌어냈다.

"동탁, 네 이놈! 천벌을 받을 것이다."

하태후는 질질 끌려가면서도 발악을 멈추지 않았다.

"하태후는 왕미인을 독살했을 뿐만 아니라 동태후마저 무참히 죽였소. 천벌은 바로 이런 경우를 두고 하는 말이 아니오."

이유가 이죽거렸다.

동탁은 소제를 끌어내리게 하고 진류왕 유협을 용상에 앉혔다. 그런 다음 풍악을 울리게 하고 새 황제의 등극을 만천하에

선포했다. 한나라 마지막 황제 헌제가 등극한 것이다. 이때 헌제의 나이는 겨우 아홉 살이었다.

동탁은 13대 황제 소제와 그의 어머니 하태후를 영안궁에 가두었다. 그것도 모자라 며칠 뒤 두 모자를 독살했다. 동탁은 불만을 가진 조정 대신들을 내쫓거나 모조리 죽였다. 어진 신하들은 모두 조정을 떠나고 간신들만 동탁의 곁을 지켰다.

동탁은 날이 갈수록 포악해졌다. 연일 뚱뚱한 몸을 흔들며 이곳저곳 쏘다녔다. 사냥을 나가 죄 없는 백성들을 활로 쏘고 민가에 불을 질렀다. 황제에게 제멋대로 명령을 내리고 용상에 앉아 낮잠을 자기도 했다.

"더는 두고 볼 수 없구나."

멀리서 이 소식을 들은 발해 태수 원소는 연일 탄식했다.

"모든 게 내 잘못이다."

원소는 심복을 시켜 사도 왕윤에게 편지를 보냈다.

역적 동탁이 함부로 황제를 바꾸고 태후를 독살하니

하늘과 땅이 놀라고 천지가 슬픔에 잠겼습니다

군사와 말을 조련하며 기회를 엿보고 있으니

사도께서도 조정 대신들을 설득하여 계책을 마련하십시오

'하늘이 아직 한나라를 버리지 않았군.'

원소의 밀서를 받은 왕윤은 속으로 기뻐했다.

어느 날 왕윤은 꾀를 내어 자신의 생일잔치를 열었다. 대신들과 나라의 일을 의논할 계획이었다. 친했던 조정 대신들이 하나 둘씩 왕윤의 집으로 모여들었다. 잔치가 한창 무르익을 무렵 왕윤이 탁자에 엎드려 울음을 터뜨렸다. 깜짝 놀란 대신들이 물었다.

"대감은 오늘같이 좋은 날 어찌하여 눈물을 흘리시오?"

왕윤은 울음을 그치고 한숨을 내쉬었다.

"역적 동탁이 나라를 어지럽히고 있는데 한가하게 술잔이나 기울이는 내 신세가 가엾어서 울었소."

자리가 숙연해지며 대신들은 아무런 말도 하지 못했다.

"고조 황제가 초나라를 멸하고 한나라를 세운 지 어느덧 4백 년이 지났소이다. 그런 한나라가 동탁의 손에 망할 줄 어찌 생각이나 했겠소. 정말 하늘도 무심한 일이오."

그 말에 모여 있던 대신들은 목을 놓아 통곡했다.

"하하. 이런, 이런."

그때 한쪽 구석에서 웃음소리가 들려왔다. 웃음소리의 주인공은 젊은 장수 조조였다.

"자네는 조참의 후예로 대대로 한나라의 신하가 아니었더냐. 어찌하여 무례하게 웃을 수 있단 말인가?"

왕윤이 큰 소리로 조조를 꾸짖었다.

조조가 몇 가닥 되지 않는 수염을 매만지며 대답했다.

"답답해서 웃었습니다. 이렇게 모여 눈물만 흘린다고 달라질 게 뭐가 있습니까? 동탁을 제거할 수 있는 것은 눈물이 아니라 한 자루 매서운 칼입니다."

조조의 비판은 날카로운 것이었다. 대신들은 부끄러워 고개를 들지 못했다.

"그래, 자네에게 묘책이라도 있는가?"

왕윤이 부드럽게 물었다.

"제가 동탁에게 아부를 아끼지 않는 이유는 동탁의 신임을 얻기 위해서입니다. 신임을 얻으면 아무 때나 동탁 곁에 가까이 갈 수 있지 않습니까? 적당한 기회를 보아 동탁을 없앨 생각이니 대감들은 조조를 믿으시지요."

조조의 얼굴엔 패기가 넘쳤다.

"그런데 대감께 한 가지 부탁이 있습니다."

"동탁만 죽일 수 있다면 무슨 부탁인들 못 들어주겠나?"

"동탁이 역적이라고는 하나, 그 역시 하늘이 낸 자입니다.

의로운 사람들이 여러 차례 동탁을 죽이려 했지만 실패한 이유는 그를 보호하는 검은 기운을 꺾지 못했기 때문입니다."

동탁이 밖으로 행차를 했을 때 오부라는 장수가 동탁을 습격한 일이 있었다. 오부가 힘껏 내려친 칼은 옆으로 빗나갔고 동탁은 목숨을 구했다. 그런 일은 몇 번이나 있었고 그때마다 동탁은 용케 목숨을 건졌다.

"대감의 가문엔 칠보도라 불리는 신비로운 칼이 전해 내려온다고 들었습니다. 칠보도라면 능히 동탁의 검은 기운을 꺾을 수 있을 것입니다."

"나라의 원수를 없애는 데 무엇을 아끼겠나."

왕윤은 하인을 시켜 칠보도를 꺼내 오게 했다. 조조는 조심스럽게 칼을 쓰다듬었다. 칼집에 북두칠성을 본뜬 일곱 개 보석이 박혀 있었다.

"듣던 대로 천하의 보검이로다."

칼을 빼들자 하늘에서 한 줄기 빛이 내려와 칼날을 휘감았다.

"반드시 성공하겠습니다."

조조는 하늘을 우러러보며 맹세했다.

"자네가 다칠 수도 있으니 조심하게."

왕윤은 충고를 잊지 않았다.

"사나이가 나라를 위해 목숨을 버리는데 무엇을 주저하겠습니까?"

조조가 한소리 외치니 모든 사람이 듣고 감격했다.

"참으로 훌륭한 젊은이로구나."

"조조는 언젠가 큰일을 해낼 것이다."

대신들은 조조가 성공하기를 빌며 일제히 술을 들이켰다.

19. 여백사의 억울한 죽음

날이 밝자 조조는 태연하게 동탁이 있는 승상부로 찾아갔다. 품속에 칠보도를 감추었지만 아무도 조조를 의심하지 않았다.

"승상은 어디 계시냐?"

조조의 물음에 일을 보는 시종이 대답했다.

"몸이 좋지 않아 별채에서 주무시고 계십니다."

조조는 별채로 동탁을 찾아갔다.

"오, 조조가 아닌가. 웬일로 이곳까지 나를 찾아왔는가?"

동탁이 침상에 누운 채 물었다. 옆에는 여포가 방천화극을 움켜쥔 채 동탁을 지키고 있었다.

"승상이 아프시다는 말을 듣고 문안을 왔습니다."

조조가 머리를 깊숙이 숙였다.

"역시 조조밖에 없군."

동탁은 크게 감격했다.

조조는 이런저런 얘기를 늘어놓으며 동탁을 죽일 기회만 엿보았다. 하지만 여포 때문에 좀처럼 기회를 잡지 못했다.

"가만있자……."

동탁이 무엇을 생각했는지 문 앞에 지키고 있던 여포를 쳐다보았다.

"며칠 전, 서량에서 좋은 말 몇 마리가 진상되지 않았더냐?"

"그렇습니다, 승상."

여포가 공손히 대답했다.

"그중 한 마리를 조조에게 선물로 주고 싶구나. 마구간으로 가서 가장 좋은 놈으로 한 마리를 끌고 오너라."

여포가 밖으로 나가자 동탁이 조조에게 말했다.

"몸이 피곤하니 자네도 그만 나가 보게."

"은혜는 잊지 않겠습니다."

조조는 머리를 조아리며 뒷걸음으로 물러났다. 동탁은 몸을 돌려 돌아누웠다.

'하늘이 주신 기회로군. 역적 동탁의 생명도 오늘로써 끝장이다!'

조조는 뛸 듯이 기뻐하며 품에서 칼을 쑤욱 빼들었다. 여포가 나타나기 전에 동탁을 해치울 생각이었다. 그런데 공교로운 일이 발생했다. 칠보도가 뿜어내는 빛이 맞은편 벽에 걸린 청동 거울에 비쳤던 것이다. 잠을 청하던 동탁은 깜짝 놀라 조조를 돌아보았다.

"조조는 지금 무엇을 하는가?"

조조는 당황했으나 이네 정신을 가다듬었다.

"승상께서 제게 준마를 내리시니 그 은혜를 어찌 다 갚겠습니까. 그래서 선물을 바칠까 하고 도로 왔습니다."

"선물이라니?"

동탁이 의아한 얼굴로 물었다.

"제가 며칠 전 칠보도라는 한 자루 칼을 입수했습니다. 칠보도는 하늘의 북두칠성이 서려 있는 칼로 천하 보검이옵니다. 칠보도를 승상께 바치고 싶습니다."

동탁은 깜박 속아 넘어갔다.

"칼날에 신비로운 빛이 서려 있군. 과연 명검이로다."

칼을 받아든 동탁은 고개를 끄덕이며 만족해했다.

"말이 준비되었으니 나와서 보시구려."

때마침 여포가 나타나 위기에 빠진 조조를 구해 주었다.

"밖에 나가서 승상이 하사하신 말을 한번 타 보겠습니다."

한 마리 백마가 조조를 기다리고 있었다. 조조는 말에 올라 채찍을 가하며 궁궐을 빠져나갔다.

"아무래도 조조의 행동이 수상합니다."

여포가 못마땅한 얼굴로 말했다. 동탁이 자신보다 조조를 아끼자 질투가 났던 것이다. 말을 들은 동탁은 크게 놀랐다.

"음, 당장 조조를 뒤쫓아라!"

동탁은 모사 이유를 불러 방금 일어난 일을 설명했다.

"쥐새끼를 밖으로 풀어준 격이로군요. 조조는 필시 칠보도로 승상을 찌르려 했을 것입니다."

"내가 그놈을 얼마나 아꼈는데…… 참으로 괘씸한 놈이로구나. 방을 내려 조조를 잡아들여라. 만약 조조를 숨겨 주는 자가 있다면 삼족을 멸할 것이다. 공모자가 있을 것이니 조조를 잡아들여 죄상을 낱낱이 밝혀라."

이유는 동탁의 명을 받들어 급히 전국으로 전령을 떠나보냈다.

"조조를 체포하여 압송하라!"

조조의 얼굴을 그린 그림이 전국 방방곡곡에 나붙었다.

낙양을 탈출한 조조는 밤낮을 가리지 않고 남쪽으로 말을 몰았다. 며칠 후 조조는 중모현이라는 작은 마을에 도착했다. 조조는 말을 끌고 주막을 찾아갔다. 조조는 말에게 건초를 먹이게 하고 국밥 한 그릇을 시켰다.

"수상한 자가 나타났군."

조조가 정신없이 밥을 먹고 있을 때였다. 순찰하던 포졸 10여 명이 조조를 발견하고 수군거렸다.

"아무래도 행색이 조조란 자와 비슷하군요?"

포졸 하나가 들고 있던 종이를 펼치더니 조조와 종이에 그려진 그림을 번갈아 바라보았다.

'큰일 났군. 동탁이 어느새 방을 내린 모양이구나.'

머리가 좋은 조조는 재빨리 한쪽 눈을 감고 애꾸 흉내를 냈다.

"음, 저자가 왜 갑자기 애꾸 흉내를 낼까?"

이상하게 생각한 포졸들이 다짜고짜 달려들어 조조를 묶었다.

"낙양에서 도망친 조조와 얼굴이 매우 흡사하군."

포졸들은 조조를 현령에게 데려갔다.

"조조는 어찌하여 자신을 속이는가?"

조조를 한눈에 알아본 현령이 호통을 쳤다. 현령의 이름은 진궁이었다. 진궁은 중모현으로 발령 받기 전 낙양에서 조조를 만난 일이 있었다.

"조조를 잡았으니 곧 상이 내려질 것이다. 모두 먹고 마셔라."

진궁은 술을 내려 부하들을 취하게 했다.

밤이 이슥해지자 진궁은 아무도 모르게 옥에 갇힌 조조를 찾아갔다.

"그대는 동탁의 총애를 받지 않았는가? 그런데 어쩌다가 이 지경이 되었나?"

조조는 큰 소리로 진궁을 꾸짖었다.

"참새 따위가 어찌 봉황의 큰 뜻을 알겠는가."

진궁이 황급히 대답했다.

"그렇다면 거짓으로 동탁에게 충성했단 말이오?"

"동탁을 섬긴 것은 기회를 보아 역적을 내 손으로 처단하려고 했던 것이다. 일이 실패하여 쫓기는 몸이 되었으니 하늘의 뜻이다. 잔말 말고 나를 동탁에게 압송하여 상이나 받거라."

진궁이 별안간 조조를 향해 절을 올렸다.

"나를 그런 속된 인간으로 보지 마시오. 비록 동탁 밑에서 현령을 하고 있지만 나 역시 한나라의 신하요."

진궁은 옥문을 열고 조조를 풀어주었다.

"왜 나를 도와주는 건가?"

조조가 눈을 가늘게 뜨고 물었다.

"오래도록 나라를 위해 함께 일할 영웅호걸을 기다려왔소. 이 몸을 거두어 주신다면 함께 나라를 위해 일해 보고 싶소이다."

"좋소."

조조 역시 크게 기뻐했다.

"그래, 어디로 가는 길이었소?"

"진류 땅으로 가서 의병을 일으킬 생각이었소."

"그렇다면 함께 갑시다."

진궁은 얼마간의 노자를 마련하여 조조와 함께 중모현을 떠났다. 진궁이 옆에 있었으므로 사람들은 조조를 알아보지 못했다. 목숨을 구하고 길동무까지 얻었으니 조조로서는 천만다행인 일이었다.

사흘 뒤 두 사람은 성고 땅에 도착했다.

"어디 가서 또 이슬을 피한단 말인가."

진궁이 중얼거렸다.

"마침 한 군데 들를 곳이 있소이다."

조조가 촌락을 가리키며 말을 이었다.

"저 마을엔 내 아버님 친구 되시는 여백사란 분이 살고 계시오. 아버님과 형제처럼 지내시는 분이니 안심하고 쉬었다 갈 수 있을 것이오."

두 사람은 말을 몰아 여백사의 집으로 들어갔다.

"조조가 아닌가?"

여백사는 맨발로 달려나와 조조의 손을 쥐었다. 수염이 허옇게 센 노인이었다. 조조는 성큼 절을 올리고 나서 자초지종을 설명했다.

"안 그래도 곳곳에 방이 붙어 걱정하고 있었네."

여백사는 조조와 진궁을 방으로 안내했다. 여백사는 하인들에게 무엇인가를 지시하고 난 뒤 다시 돌아왔다.

"오랜만에 만났는데 집안에 술이 다 떨어졌군. 이웃 마을에 가서 술을 한 말 받아올 터이니 잠깐 쉬고 있게."

여백사는 나귀를 끌고 대문을 나섰다. 조조와 진궁은 모처럼 발을 뻗고 쉬었다. 그런데 이상한 일이 벌어졌다. 시간이 한참 지나도 여백사가 돌아오지 않았던 것이다. 진궁이 고개를 갸웃거리며 입을 열었다.

"아무래도 수상하지 않소. 집안에 하인이 많은데 여백사가 직접 술을 받으러 갔으니 말이오."

"나도 그 생각을 하고 있었소. 만약 여백사 노인네가 포졸을 부르러 관가로 달려갔다면 큰일 아니오?"

수염을 비벼대던 조조의 눈이 예리하게 빛났다.

"가만, 밖에서 이상한 소리가……."

진궁이 가만히 귀를 기울였다.

"이건 칼 가는 소리가 아니오?"

두 사람은 깜짝 놀라 소리가 나는 곳으로 가 보았다. 소리는 뒤뜰에서 들려왔다. 칼을 숫돌에 갈면서 여백사의 하인 하나가 중얼거렸다.

"발버둥이 심할 텐데 묶어서 한 칼에 죽이는 게 좋지 않을까?"

"그게 좋겠네. 도망가면 큰일이니까."

엿듣던 조조와 진궁은 크게 놀랐다.

"이건 필시 우리를 두고 하는 소리가 분명하오."

진궁이 조조의 귀에 대고 속삭였다.

"우리를 묶어 죽일 셈이로군. 앉아서 당하기 전에 먼저 저들을 처치해 버립시다."

두 사람은 칼을 들고 일시에 뒤뜰로 뛰어나갔다. 순식간에 여덟 명이나 되는 하인이 영문도 모르고 죽었다. 조조는 안방으로 뛰어들어 여백사의 아내까지 목을 베었다.

"큰일 났소이다."

진궁이 하얗게 질린 얼굴로 조조를 불렀다.

"혹, 숨어 있는 하인이 있나 하여 부엌을 뒤지다가 저걸 발견했소."

부엌에는 한 마리 돼지가 새끼줄에 묶여 꽥꽥거리고 있었다.

"아, 돼지를 잡을 생각이었구나."

조조와 진궁은 들고 있던 칼을 떨어뜨렸다. 하인들이 칼을 간 것은 돼지를 잡기 위해서였던 것이다.

"죄 없는 사람들을 죽였으니 이 일을 어찌 할꼬……."

진궁이 한숨을 쉬었다.

"기왕 이렇게 됐으니 어쩌겠소. 속히 이곳을 뜹시다."

조조는 진궁을 잡아끌며 급히 여백사의 집을 벗어났다. 두 사람이 정신없이 마을을 벗어날 무렵이었다. 저만치 나귀 소리가 들리며 누군가 이쪽으로 다가왔다. 노래를 흥얼거리며 다가오는 노인은 바로 여백사였다.

"아니, 이 밤중에 어딜 급히 가는가?"

여백사가 조조를 발견하고 물었다. 나귀 등에는 술항아리와 과일 바구니가 얹혀 있었다. 여백사가 가까이 오자 향긋한 술 냄새가 코를 찔렀다.

"급히 갈 곳이 생겨 길을 떠나게 됐습니다."

조조가 대강 둘러댔다.

"이렇게 서운할 수가 있나."

여백사가 몸을 돌리던 순간이었다. 조조가 재빨리 칼을 꺼 내 여백사를 내리쳤다. 여백사의 목이 나귀 아래로 굴렀다. 순 식간에 벌어진 일이었다.

"살생을 밥먹듯이 하다니 이게 무슨 짓이오?"

진궁이 황망히 말에서 뛰어내렸다.

"여백사가 집으로 돌아가 가족이 몰살당한 걸 알면 마음이 어떻겠소? 필시 가만히 있지 않을 것이오. 그럴 바엔 차라리 죽여 후환을 없애는 게 낫지 않겠소."

진궁은 속으로 후회했다.

'사람 목숨을 이리 가볍게 여기다니 조조는 참으로 무서운

사람이다. 내 그런 줄도 모르고 조조를 따라나섰으니 이 일을 어찌 하랴.'

두 사람은 정신없이 말을 달려 낡은 사당 앞에 도착했다.

"여기서 잠깐 눈을 붙입시다. 피곤해서 더는 갈 수 없소."

조조가 말을 세우고 진궁에게 말했다. 두 사람은 사당 안으로 들어갔다. 조조는 얼마 지나지 않아 잠에 빠졌다. 진궁은 좀처럼 잠을 이루지 못하고 고민했다.

'벼슬까지 버리고 따라나섰는데 내가 속았구나. 저자를 그대로 살려두면 언젠가 나라에 큰 후환이 될 것이다.'

진궁은 살며시 일어나 칼을 빼들었다. 조조는 아무것도 모른 채 코를 골았다.

'베어야 하나⋯⋯.'

조조의 목을 내려다보며 진궁은 몇 번이나 망설였다. 하늘엔 별이 총총했다. 서늘한 바람이 을씨년스럽게 옷깃을 흔들었다. 조조를 버려 둔 채 진궁은 급히 동쪽으로 말을 몰았다.

다음날 아침, 눈을 뜬 조조는 깜짝 놀랐다.

'진궁은 참으로 소심한 인간이군⋯⋯. 하지만 언젠가 나를 이해하게 될 날이 있을 것이다.'

조조는 허탈하게 웃으며 말에 올랐다.

20. 연합군을 결성하다

　진류는 하남의 곡창지대로 인구가 많고 땅이 기름졌다. 한동안 낙양에 올라와 살던 조조의 가문은 얼마 전부터 진류로 터를 옮겼다. 십상시의 횡포와 연이은 동탁의 공포정치에 실망했기 때문이다.

　진류에 도착한 조조는 우선 아버지 조숭을 찾아갔다.

　"체포령이 내려 걱정했는데 살아 있었구나."

　조숭은 달려나와 조조를 얼싸안았다. 조조는 그간의 일을 자세히 설명한 뒤 자신의 포부를 밝혔다.

"동탁의 횡포가 하늘을 찌르지만 천하에 대적할 사람이 없습니다. 한나라 황실은 이제 종이호랑이나 다름없지요. 기울어 가는 한나라 황실을 구하고 도탄에 빠진 백성을 구하고자 합니다."

"그래, 좋은 방법이라도 있는 게냐?"

조숭이 어두운 표정으로 물었다.

"동탁을 꺾기 위해선 전국의 영웅들이 연합해야 합니다. 제가 먼저 이곳에서 의병을 일으키겠습니다. 아버님도 저를 좀 도와주십시오."

생각에 잠겼던 조숭이 대답했다.

"난감한 일이로구나. 너도 알다시피 고향을 떠난 뒤로 집안이 형편없이 기울었다. 그러나 희망이 아예 없는 것은 아니지."

조조가 눈썹을 꿈틀거렸다.

"인근 마을에 위홍이라는 큰 부자가 살고 있다. 평소 의로움을 쫓는 인물인 데다가 재물 또한 넉넉하니 반드시 도움을 얻을 수 있을 것이다."

조조는 크게 기뻐하며 다음날 위홍을 찾아갔다.

"나라를 위해 크게 의병을 일으키고자 하니 부디 저를 도와

주십시오."

조조는 두 번 크게 절하고 위홍에게 간청했다.

"오, 천하의 영웅이 나를 찾아왔구나."

위홍이 조조의 두 손을 잡아 일으켰다. 위홍은 얼굴이 크고
풍채가 당당했다. 조조가 감격해서 대답했다.

"영웅이라니 당치도 않습니다."

"나라를 구하는 길에 내 어찌 재물을 아끼겠는가. 반드시 역
적 동탁을 쳐 없애고 위기에 빠진 한나라 황실을 구하게."

조조는 위홍과 손을 잡고 차근차근 거병 준비를 해나갔다.
조조는 집안의 하인들을 시켜 깃발을 만들게 한 뒤 깃발에 '충
의'라는 글자를 적어 문 앞에 걸었다. 그런 다음 방을 써서 인
근 마을마다 붙였다.

　　황제 폐하의 비밀스런 명령을 받들어

　　역적 동탁을 치고자 한다

　　용감한 젊은이는 깃발 아래 모여라

황제의 명령을 받았다는 말은 조조가 꾸며낸 말이었다.
그러나 거짓말의 효과는 컸다.

"황제 폐하를 구하자!"

"동탁을 쳐 없애자!"

조조의 격문을 읽고 제일 먼저 달려온 지방 장수는 악진이었다. 1천 명이 넘는 기마병이 악진을 따라왔다. 저녁이 되자 동쪽에서 한 떼의 병사들이 홀연히 나타났다. 이전이 이끄는 1천여 명의 지방 군사들이었다. 이전은 조조가 황건적을 토벌할 때 도와준 인연이 있었다.

일주일 뒤에는 하후돈, 하후연 형제가 군사 3천 명을 이끌고 달려왔다. 하후돈 형제는 조조 집안의 양자여서 조조와 형제나 마찬가지였다. 두 사람 다 힘이 황소처럼 강했다.

이틀 후에는 조조의 사촌들인 조홍과 조인이 각각 1천여 명의 병력을 이끌고 달려왔다. 조조는 하후돈 형제를 각각 비장과 별부사마에 임명하고 조인과 조홍, 악진과 이전을 각각 사마와 부장에 임명, 모인 의병들을 훈련시켰다. 격문을 띄운 지 한 달이 채 못 돼, 조조의 집 앞은 각지에서 모인 의병들로 넘쳤다. 그 수는 어느덧 1만 명이나 되었다.

하지만 그건 시작에 불과했다. 며칠 뒤 3만이나 되는 어마어마한 병력이 도착했다. 젊은 장수가 맨 앞에서 군사를 지휘하고 있었다. 그는 다름 아닌 원소였다. 동탁이 원소를 회유하기 위해 발해 태수로 임명했지만 원소는 오히려 군사를 모아 연합군에 가담했던 것이다. 원소는 전풍, 저수, 유섭 등 뛰어난 장수들의 호위를 받으며 당당히 진류로 들어왔다.

원소를 기점으로 각지에 흩어진 영웅들이 군사를 몰고 나타났다. 원소의 동생인 남양 태수 원술이 도착했고 기주자사 한복이 그 뒤를 이었다. 예주 자사 공선이 1만의 병력을 이끌고 참전했고 연주 자사 유대, 하내 태수 왕광, 진류 태수 장막 등이 앞을 다투어 몰려왔다. 동군 태수 교모와 산양 태수 원유도 같은 날 나란히 도착했고 며칠 뒤에는 제북의 포신이 합류했다.

조조가 의병을 모집한다는 소문은 유비가 있는 평원현에도 퍼졌다.

'드디어 때가 왔구나.'

유비는 관우와 장비에게 출발 명령을 내렸다. 그동안 훈련시킨 병사가 3천 명이나 되었다. 유비는 군사를 인솔하여 북평 태수 공손찬을 찾아갔다.

"유비가 아닌가?"

공손찬은 반갑게 유비 일행을 맞이했다.

"그런데 저 두 장수는 누구인가?"

공손찬은 유비 뒤에 그림자처럼 붙어 있는 관우와 장비를 가리켰다.

"한 사람은 마궁수 관우이고 한 사람은 보궁수 장비라네."

유비가 두 아우를 가리키며 대답했다.

"마궁수란 말을 타고 활을 쏘는 군사요, 보궁수란 보병을 거느리고 활을 쏘는 병사가 아닌가? 두 사람 모두 무예가 출중하다고 들었는데, 직급이 형편없군."

공손찬이 안타까운 듯 말했다.

"나라를 구하는데 직급 따위가 무슨 소용이 있겠습니까?"

관우가 허리를 숙여 공손히 대답했다.

"과연, 훌륭한 장수들이다."

공손찬은 잔치를 열어 유비가 데리고 온 군사들을 배불리 먹였다.

다음 날, 공손찬은 2만 군사를 이끌고 진류로 출발했다. 유비는 선봉이 되어 공손찬의 군대에 합류했다.

"황건적을 토벌할 때 동탁을 구해 준 일이 있지 않았소, 형님?"

말에 채찍을 가하며 장비가 관우에게 물었다.

"그랬지. 벌써 6년 전이군."

관우도 그때를 기억했다. 동탁은 황건적 대장 장각에게 쫓기다가 유비의 의병을 만나 간신히 목숨을 건졌다. 그러나 동탁은 자신을 구해준 군사가 의병임을 알자 도리어 화를 냈었다.

"그놈이 우릴 무시할 때 알아봤어야 했는데……, 그때 동탁을 베지 못한 게 천추의 한이오."

장비는 이를 뿌득뿌득 갈았다.

북평 태수 공손찬과 유비 삼형제가 진류에 도착한 것은 그로부터 열흘 뒤였다. 북해 태수 공융과 광릉 태수 장초가 이미 도착하여 군사 훈련을 시작했고 서주 자사 도겸과 서량 태수 마등도 먼 길을 달려왔다. 상당 태수 장양과 장사 태수 손견이 마지막으로 도착하여 연합군을 형성했다.

"천하의 호걸들이 모두 모였구나."

조조는 크게 기뻐하며 군사를 17개 부대로 나누었다. 조조는 각 대장들에게 전령을 보내 회의를 소집했다.

"우리 연합군을 이끌 총대장으로 발해에서 온 원소 장군이 어떠하오? 원소 장군은 대대로 조정에서 벼슬을 한 뼈대 있는 가문의 자손이오. 부디 우리를 지휘하여 동탁을 무찔러 주시오."

조조의 말에 원소는 손을 내저으며 사양했다.

"이 사람은 그런 그릇이 되지 못하오."

여러 대장들이 계속 권하자 마침내 원소는 못이기는 척 승낙했다.

"이제 비로소 동탁의 그릇된 하늘이 망하려는 모양이오. 내일 당장 낙양으로 진군합시다. 한데 선봉은 누가 맡으면 좋겠소?"

원소가 난감한 얼굴로 물었다. 낙양으로 가기 위해서는 사수관을 지나야 했다. 사수관은 관문이 높고 지형이 험하여 공격하기 힘든 곳이었다.

"제게 맡겨주십시오."

푸른 갑옷을 입은 장수가 한쪽에서 번쩍 손을 치켜들었다. 그는 강동의 호랑이 손견이었다.

"황건적과 싸울 때 홀로 성문을 기어올라 적장의 목을 벤 장수가 아니오?"

손견이 힘차게 대답했다.

"그렇소. 내가 바로 그 손견이오."

"오, 손견이라면 능히 사수관 문을 열 수 있을 것이오."

원소는 크게 만족해하며 손견에게 선봉을 맡겼다. 자신의 아우 원술에게는 식량 운반을 책임지게 했다. 명을 받은 손견은 1만 명의 장사군을 이끌고 먼저 사수관으로 출발했다. 정보, 황개, 한당, 조무 등 네 명의 범 같은 장수가 손견을 좌우에서 호위했다.

원소는 여러 장수들과 더불어 소와 돼지를 잡아 하늘에 제사를 지냈다. 제사가 끝나자 원소는 대장을 상징하는 보검을 허리에 차고 단 위로 올라갔다.

"황건적의 난 이후 몇 년 동안 나라는 하루도 편할 날이 없었소. 죽기를 각오하고 싸워 역적 동탁을 토벌하고 한나라를 구합시다."

원소는 허리에 찬 보검을 빼들고 전 군에 출발 명령을 내렸다.

"와아! 와아!"

군사들은 북을 울리고 함성을 질렀다.

20만 병력이 낙양을 향해 출발하니 그 행렬이 수백 리에 달했다.

손견이 선봉이 되어 쳐들어온다는 소식은 곧 사수관에 알려졌다.

"뭐, 손견이 쳐들어온다고?"

사수관을 지키던 동탁의 부장은 전령을 낙양으로 보냈다. 모사 이유는 말을 몰아 동탁을 찾아갔다.

"아침부터 무슨 일인가?"

"진류 땅에서 조조와 원소가 반란을 일으켰습니다."

"이런, 쳐 죽일 놈들……."

동탁이 이불을 걷으며 벌떡 몸을 일으켰다.

"조조가 위병을 일으키자 원소가 가담했고 전국 각지의 영웅호걸들이 구름처럼 모여들어 연합군을 형성했다고 합니다."

이유는 전령이 가지고 온 소식을 자세히 전해주었다. 동탁은 부하 장수들을 모두 불러들인 뒤 회의를 열었다.

"음, 선봉은 어떤 놈이냐?"

이유가 대답했다.

"장사 태수 손견이라고 합니다."

"손견이라면 이름이 낯익구나."

"강동의 호랑이로 불리는 장수입니다."

"손견은 천하의 용장인데 누가 나가 손견과 싸운단 말인가?"

사수관은 호로관과 더불어 낙양의 최전방 방어선이었다. 손견을 막지 못해 사수관이 뚫리면 낙양이 함락되는 것도 시간문제였다.

여포가 앞으로 나와 무릎을 꿇고 말했다.

"섭섭한 일이군요. 승상께서는 어째서 이 여포를 찾지 않으십니까?"

"그렇군. 여포가 있었지!"

동탁이 볼을 쓰다듬으며 고개를 끄덕였다.

"제게 5만 군사만 내어 주십시오. 승상을 해치려다 도망친 간신 조조는 물론이거니와 원소의 목까지 두루 베어 오겠습니다."

동탁을 호위하는 일로 세월을 보내던 여포는 신이 났다. 드디어 공을 세울 기회가 찾아왔기 때문이다.

"천하무적 여포의 실력을 직접 보자꾸나. 우선 사수관으로 나가 건방진 손견의 목부터 들고 와라."

동탁은 즉석에서 여포에게 군사 5만을 내주었다. 여포는 뛸 듯이 기뻐하며 출발 준비를 서둘렀다.

"장군, 잠깐만 기다리시오!"

여포가 군사를 이끌고 막 출발할 때였다. 누군가 급히 말을 달려오며 여포를 불렀다. 표범 같은 얼굴에 원숭이처럼 긴 팔을 가진 기이한 모습의 장수였다. 얼굴이 붉고 키가 8척이나 되었다.

"자네는 화웅 장군이 아닌가? 승상을 모시지 않고 여긴 웬일인가?"

화웅이 말에서 내려 대답했다.

"닭을 잡는 데 어찌 소 잡는 칼을 쓰시려 합니까? 소장에게 선봉을 맡겨 주십시오. 나가서 손견의 목을 가져오겠습니다."

화웅이 자신 있게 말했다. 화웅은 관서 사람으로 오래전부터 동탁과 인연을 맺어온 천하 맹장이었다.

"그게 좋겠군."

여포는 기뻐하며 화웅에게 군사를 내주었다.

(2권에 계속)

청소년 삼국지 1
도원에 꽃핀 우정

ⓒ 권정현, 2004

초   판 1쇄 발행일 | 2004년 8월 7일
개정판 3쇄 발행일 | 2024년 1월 29일

지은이 | 나관중
엮은이 | 권정현
펴낸이 | 정은영
펴낸곳 | (주)자음과모음

출판등록 | 2001년 11월 28일 제2001-000259호
주소 | 10881 경기도 파주시 회동길 325-20
전화 | 편집부 (02)324-2347, 경영지원부 (02)325-6047
팩스 | 편집부 (02)324-2348, 경영지원부 (02)2648-1311
e-mail | jamoteen@jamobook.com

ISBN 978-89-544-3940-4 (44820)
        978-89-544-3939-8 (set)

잘못된 책은 교환해 드립니다.
저자와의 협의하에 인지는 생략합니다.